Turkish—English

# Bilingual Visual
# Dictionary

**Milet Publishing**
Smallfields Cottage, Cox Green
Rudgwick, Horsham, West Sussex
RH12 3DE England
info@milet.com
www.milet.com
www.milet.co.uk

First English-Turkish edition published by Milet Publishing in 2012

ISBN 978 1 84059 697 7

Designed by Christangelos Seferiadis

Printed and bound in Turkey by Ertem Matbaası

# Contents  İçindekiler

■ **Animals**
Birds...4
Domestic Animals...7
Insects...10
Reptiles & Amphibians...12
Sea Creatures...14
Wild Animals...16

■ **The Human Body**...21

■ **House**
Structure of House...24
Living Room...25
Bedroom...26
Bathroom...27
Dining Room...28
Kitchen...29
Household Objects...32
Domestic Appliances...34

■ **Clothing & Personal objects**
Clothing...38
Personal Objects...42

■ **Tools**...48

■ **Technology**...52

■ **Food**...54
Fruit & Vegetables...55
Bakery...62
Nuts...64
Meat...65
Miscellaneous Food...66
Dairy Products...70
Beverages...71

■ **Transportation**
Vehicles...72
Other...80

■ **Nature**
Plants...82
Land Forms...89
Weather...94

■ **Earth and Space**
Earth...96
Space...98
Environment...100

■ **Sports**...102

■ **The Arts**...108

■ **Musical Instruments**...110

■ **Time**...114

■ **School**...118

■ **Numbers**...124

■ **Shapes & Colors**
Shapes...130
Colors...132

■ **Punctuation Marks**...134

■ **Symbols**...135

■ **Index**...136

**Hayvanlar**
Kuşlar...4
Evcil Hayvanlar...7
Böcekler...10
Sürüngenler ve İki Yaşayışlılar...12
Deniz Hayvanları...14
Vahşi Hayvanlar...16

**İnsan Vücudu**...21

**Ev**
Evin Yapısı...24
Salon...25
Yatak Odası...26
Banyo...27
Yemek Odası...28
Mutfak...29
Ev Teçhizatı...32
Ev Aletleri...34

**Giyim ve Şahsi Eşyalar**
Giyim...38
Şahsi Eşyalar...42

**Aletler**...48

**Teknoloji**...52

**Yiyecekler**...54
Meyve ve Sebzeler...55
Unlu Mamüller...62
Kuru Yemiş ...64
Etler...65
Çeşitli Yiyecekler ...66
Süt Ürünleri...70
İçecekler...71

**Taşıtlar**
Taşıtlar...72
Diğerleri ...80

**Doğa**
Bitkiler ...82
Yeryüzü Şekilleri ...89
Hava...94

**Yeryüzü ve Uzay**
Yeryüzü...96
Uzay...98
Çevre...100

**Spor**...102

**Sanat**...108

**Müzik Aletleri**...110

**Zaman**...114

**Okul**...118

**Sayılar**...124

**Şekiller ve Renkler**
Şekiller...130
Renkler...132

**Noktalama İşaretleri**...134

**İşaretler**...135

**İçindekiler**...136

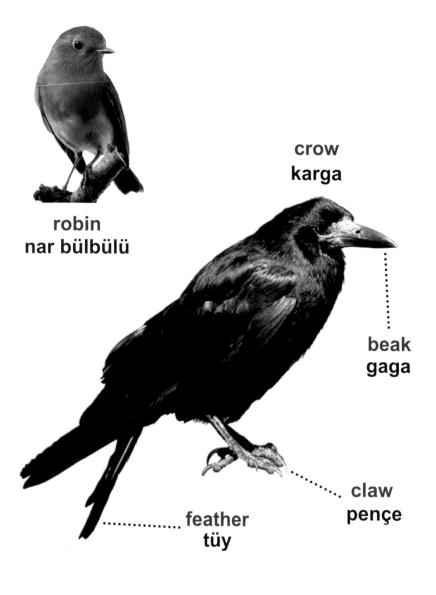

crow
karga

cage
kafes

robin
nar bülbülü

beak
gaga

claw
pençe

eagle
kartal

feather
tüy

egg
yumurta

falcon
doğan

flamingo
flamingo

4

**gull**
**martı**

**hawk**
**atmaca**

**heron**
**balıkçıl**

**lovebird**
**muhabbet kuşu**

**nest**
**kuş yuvası**

**ostrich**
**devekuşu**

**owl**
**baykuş**

**parrot**
**papağan**

**peacock**
**tavuskuşu**

**pelican**
**pelikan**

**pigeon**
**güvercin**

**sparrow**
**serçe**

**stork**
**leylek**

**swallow**
**kırlangıç**

**swan**
**kuğu**

**vulture**
**akbaba**

**wing**
**kanat**

**woodpecker**
**ağaçkakan**

**barn**
**ahır**

**bull**
**boğa**

**calf**
**dana**

**cow**
**inek**

**cat**
**kedi**

**kitten**
**kedi yavrusu**

**dog**
**köpek**

**doghouse**
**köpek kulübesi**

**puppy**
**köpek yavrusu**

**collar**
**tasma**

**goose**
**kaz**

**chick**
**civciv**

**hen**
**tavuk**

crest
**ibik**

**rooster**
**horoz**

**duck**
**ördek**

**turkey**
**hindi**

**lamb**
**kuzu**

**goat**
**keçi**

**sheep**
**koyun**

**camel**
**deve**

**pig**
**domuz**

**donkey**
**eşek**

**pet**
**evcil hayvan**

**horse**
**at**

**hoof**
**toynak**

9

**ant**
**karınca**

**moth**
**güve**

**beetle**
**kınkanatlı böcek**

**cocoon**
**koza**

**caterpillar**
**tırtıl**

**butterfly**
**kelebek**

**cricket**
**cırcır böceği**

**grasshopper**
**çekirge**

**dragonfly**
**yusufçuk**

**bee**
**arı**

**beehive**
**arı kovanı**

**wasp**
**eşekarısı**

**ladybird**
**uğur böceği**

**mosquito**
**sivrisinek**

**fly**
**sinek**

**scorpion**
**akrep**

**spider**
**örümcek**

**cobweb**
**örümcek ağı**

**snail**
**salyangoz**

**chameleon**
**bukalemun**

**frog**
**kurbağa**

**crocodile**
**timsah**

**iguana**
**iguana**

**newt**
**keler**

**lizard**
**kertenkele**

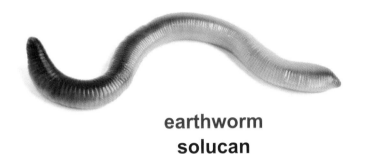

**earthworm**
**solucan**

**salamander**
**semender**

**snake**
**yılan**

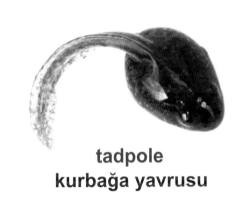

**tadpole**
**kurbağa yavrusu**

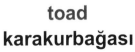

**toad**
**karakurbağası**

**tortoise**
**kara**
**kaplumbağası**

**jellyfish**
**denizanası**

**crab**
**yengeç**

**crayfish**
**kerevit**

**dolphin**
**yunus**

**lobster**
**ıstakoz**

**whale**
**balina**

**fish**
**balık**

**octopus**
**ahtapot**

**penguin**
**penguen**

**seahorse**
**denizatı**

**seal**
**ayı balığı**

**shark**
**köpekbalığı**

**walrus**
**mors**

**starfish**
**denizyıldızı**

**turtle**
**kaplumbağa**

**seaweed**
**su yosunu**

**coral**
**mercan**

**bat**
**yarasa**

**bear**
**ayı**

**koala**
**koala**

**polar bear**
**kutup ayısı**

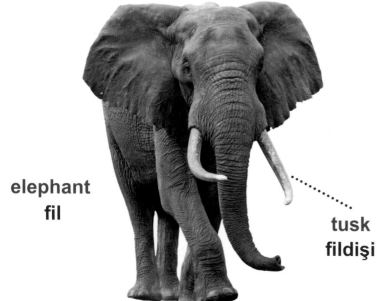

**elephant**
**fil**

**tusk**
**fildişi**

**raccoon**
**rakun**

**chimpanzee**
**şempanze**

**gorilla**
**goril**

**giraffe**
**zürafa**

**skunk**
**kokarca**

**fox**
**tilki**

**wolf**
**kurt**

**monkey**
**maymun**

**cub**
**yaban hayvanı**
**yavrusu**

mane
**yele**

**leopard**
**leopar**

lion
**aslan**

tiger
**kaplan**

**llama**
**lama**

**kangaroo**
**kanguru**

zebra
**zebra**

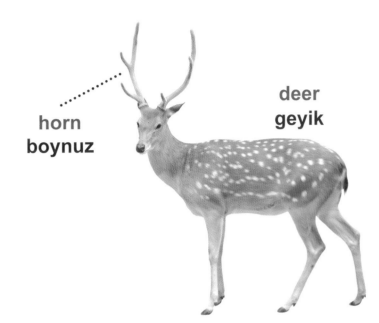

horn
**boynuz**

deer
**geyik**

hippopotamus
**suaygırı**

fawn
**geyik yavrusu**

panda
**panda**

rhinoceros
**gergedan**

**mole**
**köstebek**

**hedgehog**
**kirpi**

**squirrel**
**sincap**

**tail**
**kuyruk**

**mouse**
**fare**

**rat**
**sıçan**

**rabbit**
**tavşan**

**otter**
**su samuru**

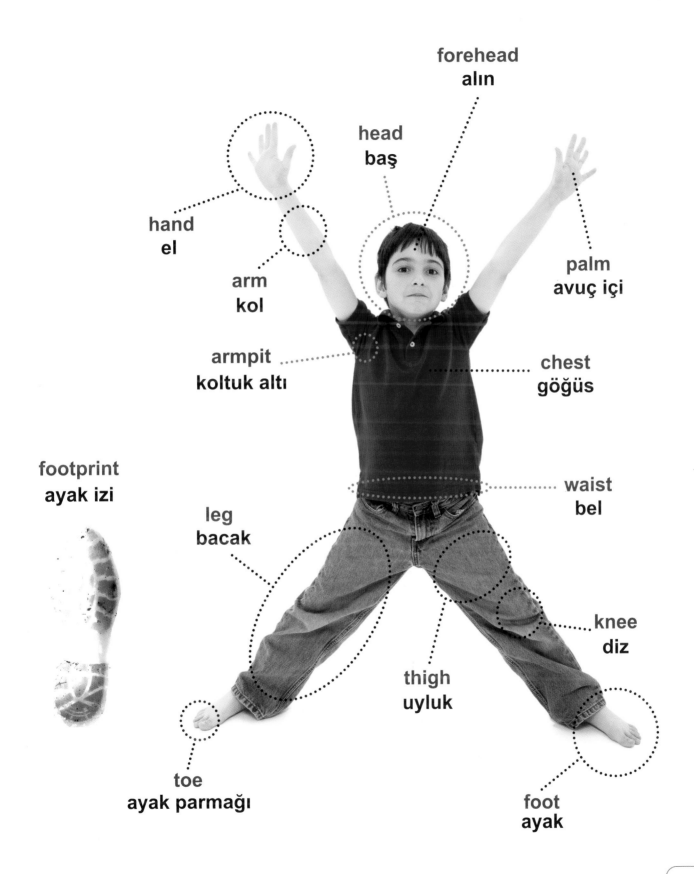

forehead
alın

head
baş

hand
el

arm
kol

palm
avuç içi

armpit
koltuk altı

chest
göğüs

footprint
ayak izi

leg
bacak

waist
bel

knee
diz

thigh
uyluk

toe
ayak parmağı

foot
ayak

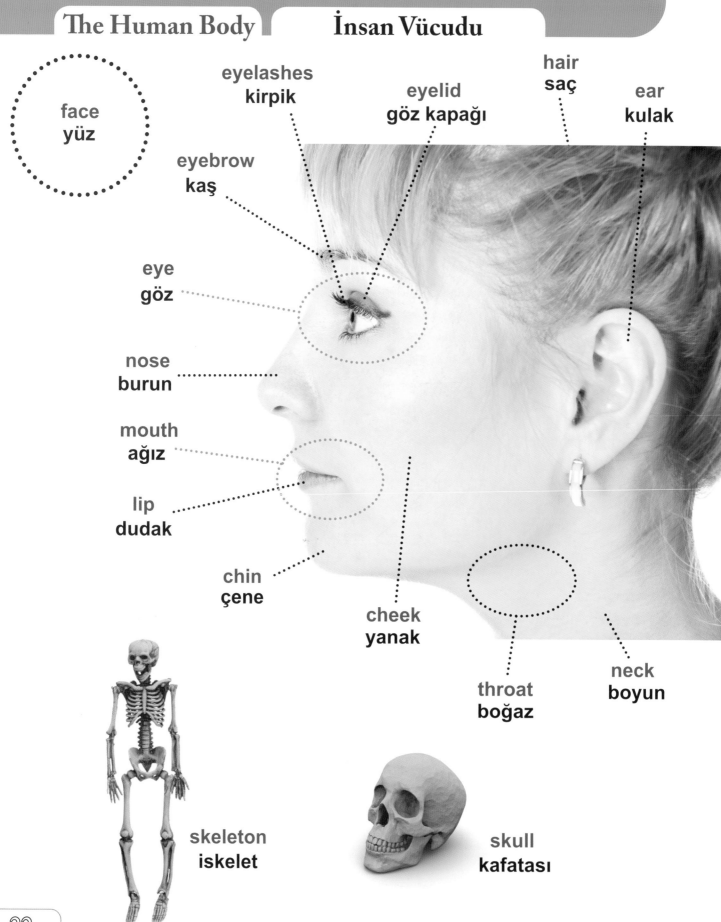

face
yüz

eyelashes
kirpik

eyelid
göz kapağı

hair
saç

ear
kulak

eyebrow
kaş

eye
göz

nose
burun

mouth
ağız

lip
dudak

chin
çene

cheek
yanak

throat
boğaz

neck
boyun

skeleton
iskelet

skull
kafatası

shoulder
**omuz**

elbow
**dirsek**

navel
**göbek**

hip
**kalça**

shin
**incik kemiği**

calf
**baldır**

ankle
**ayak bileği**

heel
**topuk**

middle finger
**orta parmak**

ring finger
**yüzük parmağı**

index finger
**işaret parmağı**

little finger
**serçe parmağı**

thumb
**başparmak**

fingerprint
**parmak izi**

wrist
**el bileği**

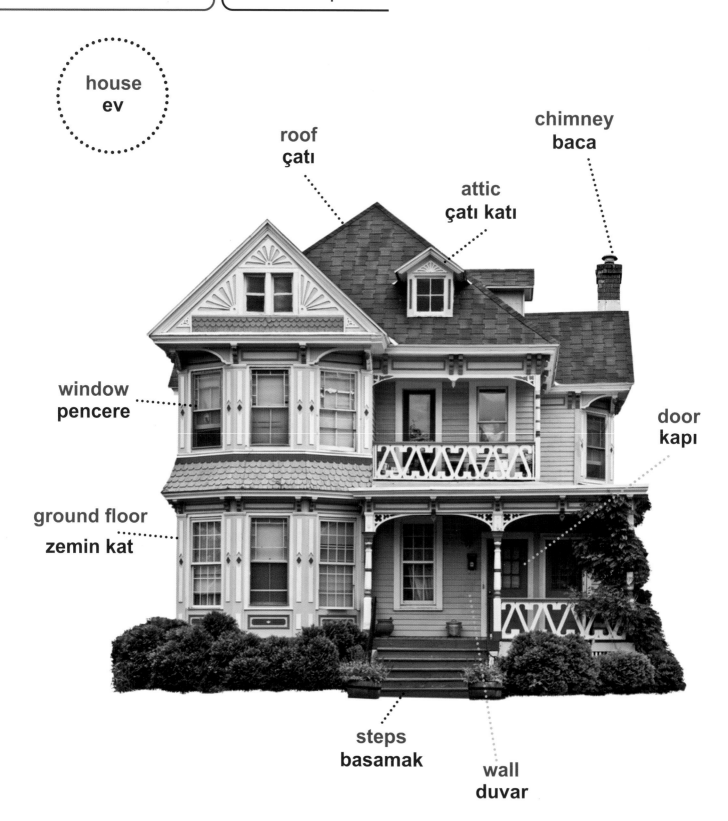

house
ev

roof
çatı

chimney
baca

attic
çatı katı

window
pencere

door
kapı

ground floor
zemin kat

steps
basamak

wall
duvar

ceiling
tavan

curtain
perde

sofa
kanepe

fireplace
şömine

floor
zemin

cushion
minder

rocking chair
sallanan sandalye

armchair
koltuk

folding chair
katlanabilir
sandalye

carpet
halı

**pillow**
**yastık**

**sheet**
**çarşaf**

**blanket**
**battaniye**

**bed**
**yatak**

**wardrobe**
**elbise dolabı**

**comforter**
**yorgan**

**rug**
**kilim**

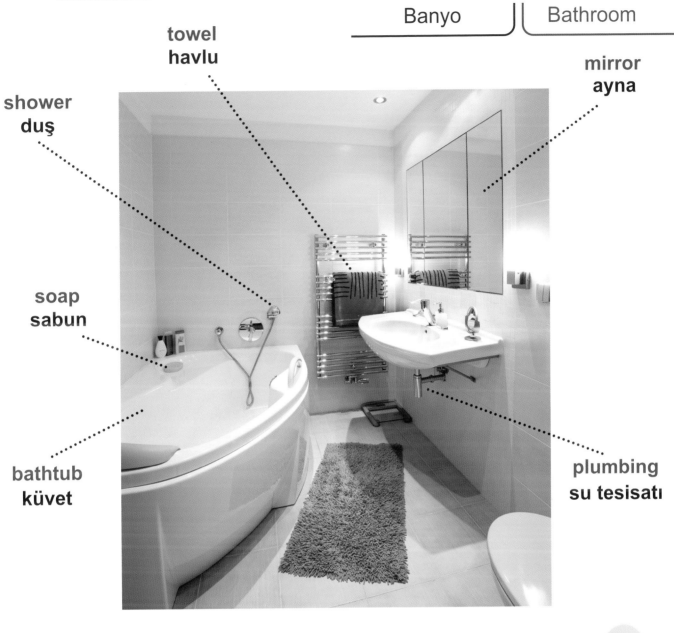

towel
**havlu**

mirror
**ayna**

shower
**duş**

soap
**sabun**

bathtub
**küvet**

plumbing
**su tesisatı**

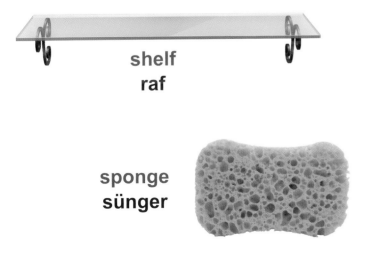

shelf
**raf**

sponge
**sünger**

toilet paper
**tuvalet kâğıdı**

toilet
**tuvalet**

27

**chair**
**sandalye**

**dining table**
**yemek masası**

**cabinet**
**dolap**

**tableware**
**yemek takımı**

**stool**
**tabure**

refrigerator
**buzdolabı**

pot
**tencere**

bowl
**kâse**

pressure cooker
**düdüklü tencere**

frying pan
**kızartma tavası**

**bottle**
**şişe**

**jar**
**kavanoz**

**shaker**
**tuzluk**

**glass**
**bardak**

**knife**
**bıçak**

**jug**
**sürahi**

**plate**
**tabak**

**fork**
**çatal**

**spoon**
**kaşık**

scale
tartı

sink
lavabo

faucet
musluk

cutting board
doğrama tahtası

juice extractor
meyve sıkacağı

burner
ocak

teapot
demlik

teaspoon
çay kaşığı

**basket**
**sepet**

**box**
**kutu**

**broom**
**saplı süpürge**

**bucket**
**kova**

**candle**
**mum**

**clock**
**saat**

**clothespin**
**mandal**

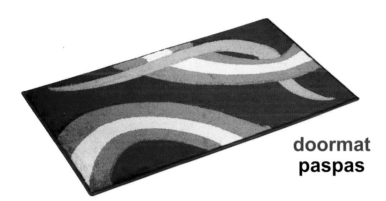

**doormat**
**paspas**

**ironing board**
**ütü masası**

**flowerpot**
**saksı**

**jerrycan**
**bidon**

**mop**
**paspas**

**sack**
**çuval**

**vase**
**vazo**

**air conditioner**
**klima**

**radiator**
**radyatör**

**ceiling fan**
**vantilatör**

**bedside lamp**
**gece lambası**

**desk lamp**
**masa lambası**

**chandelier**
**avize**

**floor lamp**
**ayaklı lamba**

**lamp**
**lamba**

**toaster**
**ekmek kızartma makinesi**

**deep fryer**
**fritöz**

**electric cooker**
**elektrikli ocak**

**oven**
**fırın**

**microwave oven**
**mikrodalga fırın**

**sewing machine**
**dikiş makinesi**

**doorbell**
**kapı zili**

**food processor**
**mutfak robotu**

**electrical outlet**
**elektrik prizi**

**blender**
**blendır**

**door handle**
**kapı kolu**

**dishwasher**
**bulaşık makinesi**

**television**
**televizyon**

**iron**
**ütü**

**washing machine**
**çamaşır makinesi**

**vacuum cleaner**
**elektrikli süpürge**

**tracksuit**
**eşofman**

**suit**
**takım elbise**

**dress**
**elbise**

**pocket**
**cep**

**bathrobe**
**bornoz**

**jumpsuit**
**tulum**

**swimming trunks**
**erkek mayosu**

**swimsuit**
**bayan mayosu**

**blouse**
**bluz**

**cardigan**
**hırka**

**shirt**
**gömlek**

**t-shirt**
**tişört**

**jeans**
**kot pantolon**

**sweater**
**kazak**

**shorts**
**şort**

**skirt**
**etek**

**trousers**
**pantolon**

**beret**
**bere**

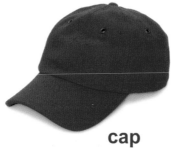

**cap**
**kasket**

**hat**
**şapka**

**bow tie**
**papyon**

**belt**
**kemer**

**tie**
**kravat**

scarf
**atkı**

**foulard**
**fular**

**glove**
**eldiven**

**flip-flops**
**tokyo terlik**

**slippers**
**terlik**

**sandal**
**sandalet**

**boots**
**çizme**

**heel**
**topuk**

**sneakers**
**spor ayakkabısı**

**shoes**
**ayakkabı**

**socks**
**çorap**

**shoelaces**
**ayakkabı bağcığı**

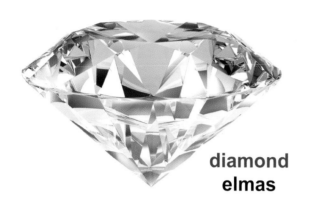

**diamond**
**elmas**

**emerald**
**zümrüt**

**ruby**
**yakut**

**necklace**
**kolye**

**earrings**
**küpe**

**ring**
**yüzük**

**bracelet**
**bilezik**

**jewellery**
**mücevher**

**watch**
**kol saati**

**backpack**
**sırt çantası**

**briefcase**
**dosya çantası**

**badge**
**kimlik kartı**

**passport**
**pasaport**

**shoulder bag**
**omuz çantası**

**suitcase**
**valiz**

**walking stick**
**baston**

**wallet**
**cüzdan**

**purse**
**bayan cüzdanı**

**umbrella**
**şemsiye**

**clothes brush**
**elbise fırçası**

**clothes hanger**
**elbise askısı**

**button**
**düğme**

**cloth**
**bez parçası**

**ribbon**
**kurdele**

**reel**
**makara**

**thread**
**iplik**

**zipper**
**fermuar**

**comb**
**tarak**

**hairbrush**
**saç fırçası**

**perfume**
**parfüm**

**hairpin**
**saç tokası**

**hair dryer**
**saç kurutma makinesi**

**eye glasses**
**gözlük**

**sunglasses**
**güneş gözlüğü**

**nail file**
**tırnak törpüsü**

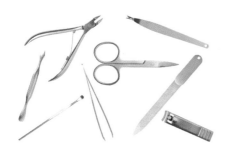

**tweezers**
**cımbız**

**manicure set**
**manikür takımı**

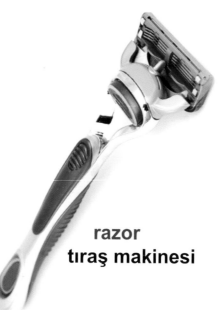

**razor**
**tıraş makinesi**

**electric razor**
**elektrikli tıraş makinesi**

**nail clippers**
**tırnak makası**

**toothbrush**
**diş fırçası**

**toothpaste**
**diş macunu**

**shaving brush**
**tıraş fırçası**

**gas lighter**
**çakmak**

**matchbox**
**kibrit kutusu**

**key**
**anahtar**

**matchsticks**
**kibrit çöpü**

**sewing needle**
**dikiş iğnesi**

**pins**
**toplu iğne**

**safety pin**
**çengelli iğne**

**adjustable wrench**
**ingiliz anahtarı**

**combination wrenches**
**karma anahtar**

**long-nose pliers**
**kargaburun**

**mole wrench**
**kilitli kerpeten**

**open ended wrench**
**açık uçlu anahtar**

**slip joint pliers**
**ayarlı kerpeten**

**nut**
**somun**

**toolbox**
**alet kutusu**

**spirit level**
**su terazisi**

battery
**pil**

car battery
**araba aküsü**

drill bit
**matkap ucu**

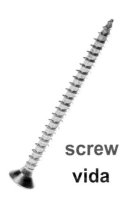

screw
**vida**

electric drill
**matkap**

screwdriver
**tornavida**

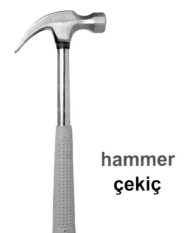

hammer
**çekiç**

nail
**çivi**

mallet
**tokmak**

chain
zincir

**fire extinguisher**
**yangın söndürücü**

**safety helmet**
**kask**

**padlock**
**asma kilit**

**plug**
**fiş**

**ladder**
**merdiven**

**torch**
**el lambası**

**tape measure**
**çelik metre**

axe
**balta**

chisel
**keski**

handsaw
**testere**

hose
**hortum**

rope
**halat**

rake
**tırmık**

pickax
**kazma**

shovel
**kürek**

wheelbarrow
**el arabası**

**answering machine**
**telesekreter**

**telephone**
**telefon**

**chip**
**çip**

**monitor**
**monitör**

**computer**
**bilgisayar**

**keyboard**
**klavye**

**scanner**
**tarayıcı**

**printer**
**yazıcı**

**newspaper**
**gazete**

**cable**
**kablo**

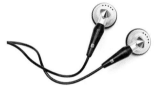

**earphones**
**kulaklık**

**microphone**
**mikrofon**

**speaker**
**hoparlör**

**radio**
**radyo**

**video camera**
**video kamera**

## supermarket
## süpermarket

## checkout
## kasa

## market
## pazar

## restaurant
## restoran

**appricot**
**kayısı**

**avocado**
**avokado**

**apple**
**elma**

**blackberry**
**böğürtlen**

**blueberry**
**yabanmersini**

**banana**
**muz**

**strawberry**
**çilek**

**raspberry**
**ahududu**

**cherry**
**kiraz**

**grape**
**üzüm**

**kiwi**
**kivi**

**peach**
**şeftali**

**grapefruit**
**greyfurt**

**mandarin**
**mandalina**

**orange**
**portakal**

**melon**
**kavun**

**watermelon**
**karpuz**

**plum**
**erik**

**mango**
**mango**

**pear**
**armut**

**pomegranate**
**nar**

**quince**
**ayva**

**pineapple**
**ananas**

**coconut**
**hindistan cevizi**

57

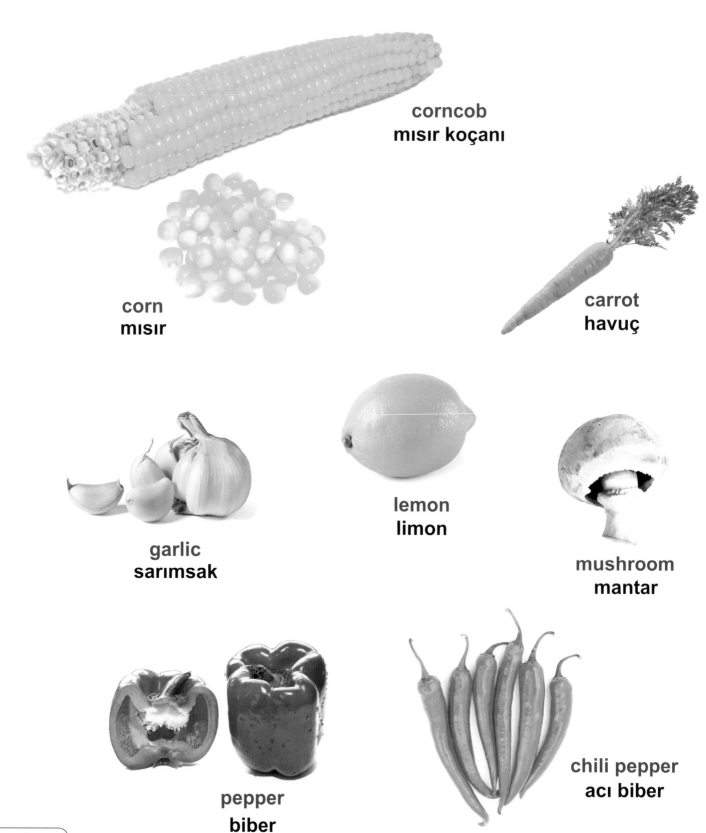

**corncob**
**mısır koçanı**

**corn**
**mısır**

**carrot**
**havuç**

**garlic**
**sarımsak**

**lemon**
**limon**

**mushroom**
**mantar**

**pepper**
**biber**

**chili pepper**
**acı biber**

**tomato**
**domates**

**cucumber**
**salatalık**

**pumpkin**
**balkabağı**

**onion**
**soğan**

**potato**
**patates**

**green bean**
**taze fasulye**

**okra**
**bamya**

**peas**
**bezelye**

**artichoke**
**enginar**

**asparagus**
**kuşkonmaz**

**broccoli**
**brokoli**

**cabbage**
**lahana**

**cauliflower**
**karnabahar**

**aubergine**
**patlıcan**

**marrow**
**kabak**

**turnip**
**şalgam**

**celery**
**kereviz**

**lettuce**
**kıvırcık salata**

**spinach**
**ıspanak**

**leek**
**pırasa**

**radish**
**turp**

**spring onion**
**taze soğan**

**dill**
**dereotu**

**mint**
**nane**

**parsley**
**maydanoz**

**flour**
**un**

**slice of bread**
**ekmek dilimi**

**bread**
**ekmek**

**chocolate chip cookie**
**çikolatalı kurabiye**

**crackers**
**kraker**

**toast**
**tost**

**cookie**
**kurabiye**

pie
**turta**

pizza
**pizza**

burger
**hamburger**

sandwich
**sandviç**

cake
**pasta**

pancakes
**krep**

**almond**
**badem**

**hazelnut**
**fındık**

**chestnut**
**kestane**

**pistachio**
**antep fıstığı**

**peanut**
**yerfıstığı**

**walnut**
**ceviz**

**chicken**
**tavuk eti**

**ground beef**
**kıyma**

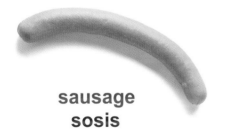

**sausage**
**sosis**

**steak**
**biftek**

**fish**
**balık**

**yolk**
**yumurta sarısı**

**egg**
**yumurta**

**pasta**
**makarna**

**rice**
**pirinç**

**lentils**
**yeşil mercimek**

**beans**
**fasulye**

**oil**
**sıvıyağ**

**olive oil**
**zeytinyağı**

**canned food**
**konserve**

**olive**
**zeytin**

**honey**
**bal**

**salad**
**salata**

**salt**
**tuz**

**black pepper**
**karabiber**

**French fries**
**cips**

**snacks**
**aperatif**

**soup**
**çorba**

**candies**
**şekerleme**

**breakfast**
**kahvaltı**

**sugar**
**şeker**

**chocolate**
**çikolata**

**dessert**
**tatlı**

**ice cream**
**dondurma**

**popcorn**
**patlamış mısır**

**butter**
**tereyağı**

**cheese**
**peynir**

**cream**
**krema**

**milk**
**süt**

**yogurt**
**yoğurt**

**fruit juice**
**meyve suyu**

**coffee**
**kahve**

**lemonade**
**limonata**

**orange juice**
**portakal suyu**

**water**
**su**

**ice cube**
**buz küpü**

**tea**
**çay**

**windscreen**
**ön cam**

**car**
**araba**

**hood**
**motor kapağı**

**spoke**
**tekerlek parmaklığı**

**tire**
**dış lastik**

**fender**
**tampon**

**headlight**
**far**

**trunk**
**bagaj yeri**

**steering wheel**
**direksiyon**

**gas cap**
**yakıt deposu kapağı**

**engine**
**motor**

**windscreen wipers**
**ön cam sileceği**

**minivan**
**minibüs**

**van**
**minibüs**

**camper van**
**karavan**

**pickup truck**
**kamyonet**

**dump truck**
**damperli kamyon**

**truck**
**kamyon**

**transporter**
**tır**

**tow truck**
**çekici**

**bulldozer**
**buldozer**

**digger truck**
**kepçe**

**forklift**
**forklift**

**tractor**
**traktör**

**fire truck**
**itfaiye aracı**

**ambulance**
**ambulans**

**police car**
**polis arabası**

**race car**
**yarış arabası**

**bicycle**
**bisiklet**

**saddle**
**sele**

**handlebars**
**gidon**

**wheel**
**tekerlek**

**brake**
**fren**

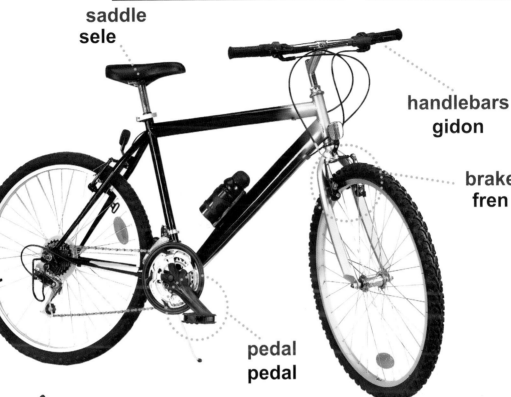

**pedal**
**pedal**

**scooter**
**skuter**

**motorcycle**
**motosiklet**

**traffic light**
**trafik ışığı**

**stroller**
**puset**

**rollerblade**
**tekerlekli paten**

**sled**
**kızak**

**airplane**
**uçak**

**wing**
**kanat**

**helicopter**
**helikopter**

**flight deck**
**kokpit**

wagon
**vagon**

streetcar
**tramvay**

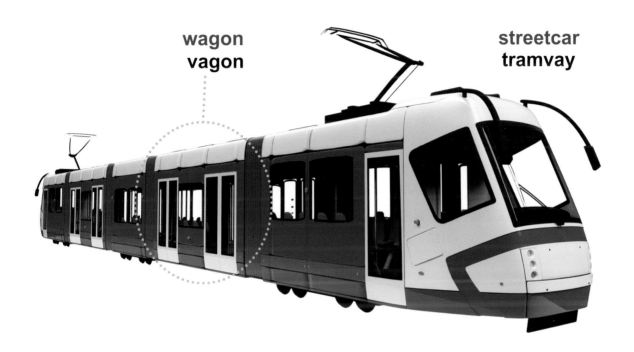

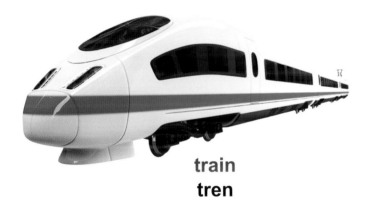

train
**tren**

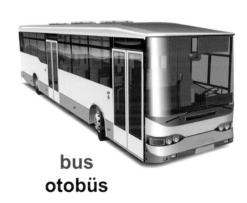

bus
**otobüs**

underground
**metro**

**container ship**
**konteynır gemisi**

**cruise ship**
**yolcu gemisi**

**container**
**konteynır**

**deck**
**güverte**

**yacht**
**yat**

**ship**
**gemi**

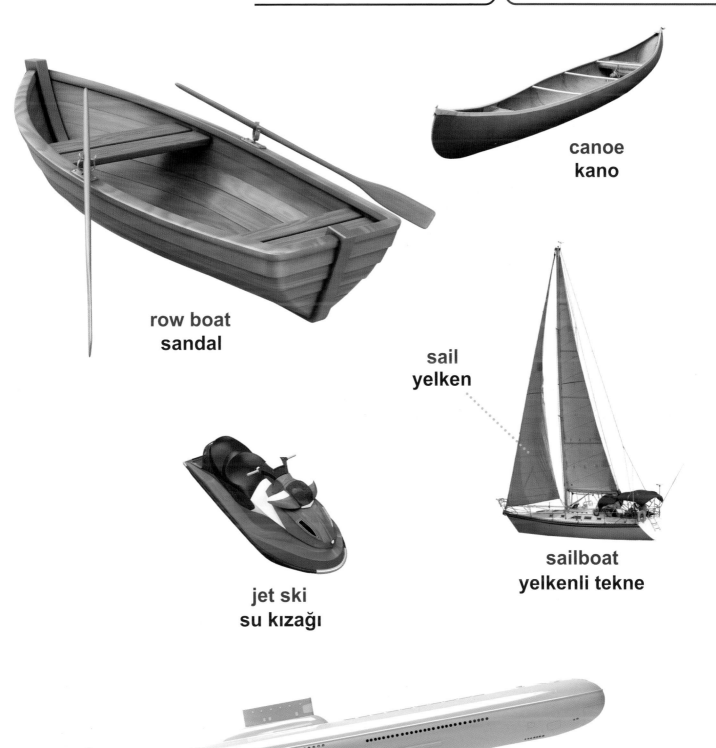

canoe
kano

row boat
sandal

sail
yelken

sailboat
yelkenli tekne

jet ski
su kızağı

submarine
denizaltı

**airport**
**havaalanı**

**passenger terminal**
**yolcu terminali**

**bus stop**
**otobüs durağı**

**crosswalk**
**yaya geçidi**

**sidewalk**
**kaldırım**

**street**
**sokak**

**road**
**yol**

**highway**
**otoyol**

**traffic**
**trafik**

**garage**
**garaj**

**gas station**
**benzin istasyonu**

**gas pump**
**yakıt pompası**

**bridge**
**köprü**

**pier**
**iskele**

**port**
**liman**

**railroad station**
**tren istasyonu**

**railroad track**
**tren yolu rayı**

**tunnel**
**tünel**

**bud**
**tomurcuk**

**begonia**
**begonya**

**camellia**
**kamelya**

**cotton**
**pamuk**

**daisy**
**papatya**

**carnation**
**karanfil**

**fuchsia**
**küpe çiçeği**

gardenia
gardenya

geranium
sardunya

iris
süsen

hyacinth
sümbül

jonquil
fulya

jasmine
yasemin

lavender
lavanta

**lilac**
**leylak**

**magnolia**
**manolya**

**moss**
**yosun**

**narcissus**
**nergis**

**nettle**
**ısırgan**

**poppy**
**gelincik**

**weed**
**yabani ot**

**snapdragon**
**aslanağzı**

orchid
**orkide**

water lily
**nilüfer**

snowdrop
**kardelen**

rose
**gül**

tulip
**lâle**

85

**sunflower**
**ayçiçeği**

**palm tree**
**palmiye**

**vineyard**
**üzüm bağı**

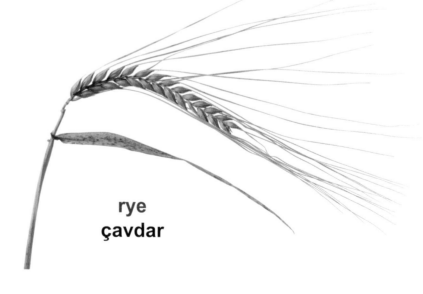

**rye**
**çavdar**

**oats**
**yulaf**

**pine cone**
**çam kozalağı**

**wheat**
**buğday**

cactus
kaktüs

grass
çim

root
kök

bush
çalı

stem
gövde

tree
ağaç

leaf
yaprak

petal
taçyaprağı

**garden**
**bahçe**

**wood**
**odun**

**field**
**tarla**

**log**
**kütük**

**harvest**
**hasat**

**hay**
**saman**

**beach**
**plaj**

**coast**
**deniz kıyısı**

**island**
**ada**

**sand**
**kum**

**ocean**
**okyanus**

**marsh**
**bataklık**

**lake**
**göl**

**river**
**nehir**

**pebbles**
**çakıl**

**stream**
**dere**

**waterfall**
**şelale**

**desert**
**çöl**

**layer**
**katman**

**stone**
**taş**

**clay**
**kil**

**hill**
**tepe**

**mountain**
**dağ**

**jungle**
**sık orman**

**forest**
**orman**

**soil**
**toprak**

**cliff**
**uçurum**

**path**
**patika**

**valley**
**vadi**

cave
**mağara**

rocky landscape
**kayalık**

rock
kaya

coal
**kömür**

slope
**yamaç**

volcano
**volkan**

93

**avalanche**
**çığ**

**snow**
**kar**

**frost**
**kırağı**

**icicle**
**saçak buzu**

**hail**
**dolu**

**cloud**
**bulut**

**lightning**
**yıldırım**

tornado
**hortum**

rain
**yağmur**

**fog**
**sis**

**flood**
**sel**

**wind**
**rüzgâr**

95

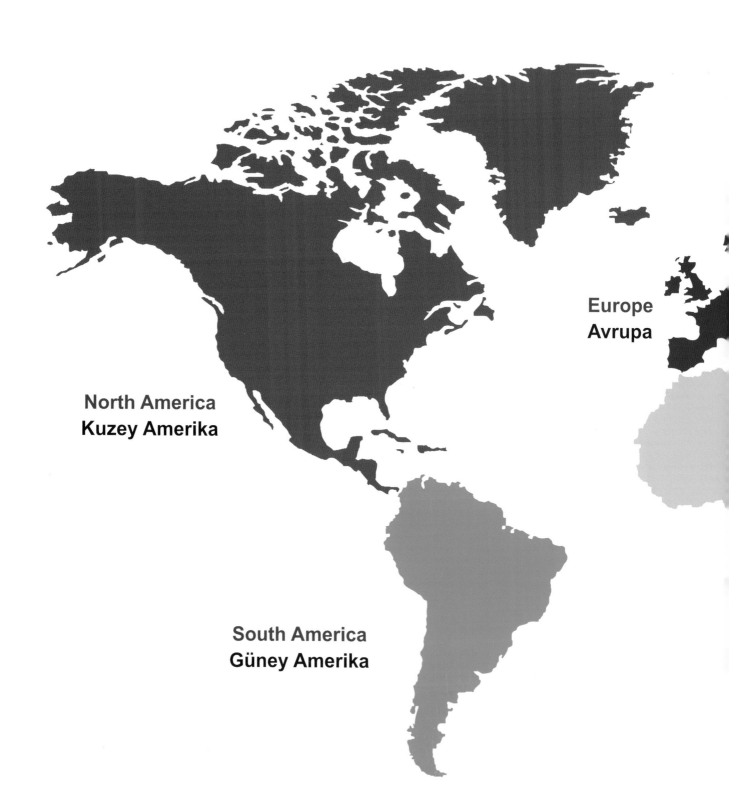

Europe
Avrupa

North America
Kuzey Amerika

South America
Güney Amerika

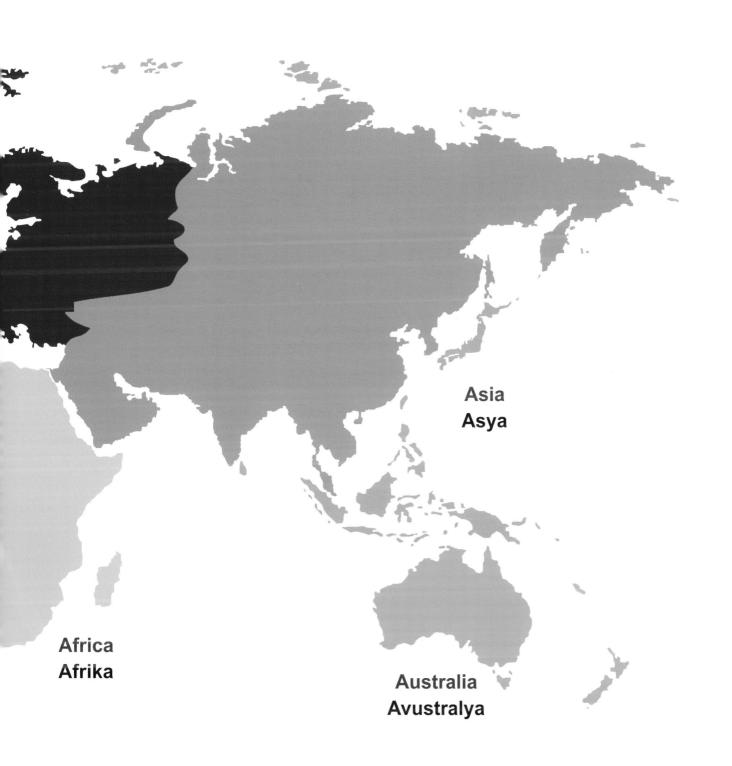

Asia
Asya

Africa
Afrika

Australia
Avustralya

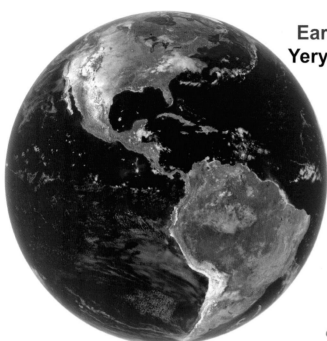

**Earth**
**Yeryüzü**

**Moon**
**Ay**

**Sun**
**Güneş**

**Saturn**
**Satürn**

**Venus**
**Venüs**

**Uranus**
**Uranüs**

**Jupiter**
**Jüpiter**

**Mars**
**Mars**

**Mercury**
**Merkür**

**Neptune**
**Neptün**

**galaxy**
**galaksi**

**Milky Way**
**Samanyolu**

**space**
**uzay**

**satellite dish**
**uydu anteni**

**astronaut**
**astronot**

**space shuttle**
**uzay mekiği**

**space station**
**uzay istasyonu**

**canal**
**kanal**

**dam**
**baraj**

**wave**
**dalga**

**watermill**
**su değirmeni**

**countryside**
**kırsal bölge**

**mud**
**çamur**

**puddle**
**su birikintisi**

disaster
felaket

earthquake
deprem

fire
yangın

flame
alev

ember
kor

fossil
fosil

**American football**
**Amerikan futbolu**

**archery**
**okçuluk**

**athletics**
**atletizm**

**badminton**
**badminton**

**cricket**
**kriket**

**weightlifting**
**halter**

**cycling**
**bisiklete binme**

**basketball**
**basketbol**

**diving**
**dalma**

**baseball**
**beysbol**

**judo**
**judo**

**hand gliding**
**planör**

**taekwondo**
**tekvando**

**wrestling**
**güreş**

**fencing**
**eskrim**

**handball**
**hentbol**

**high jump**
**yüksek atlama**

**golf**
**golf**

**hurdles**
**engelli koşu**

**horse racing**
**at yarışı**

**horse riding**
**binicilik**

javelin
**cirit atma**

mountaineering
**dağcılık**

marathon
**maraton**

volleyball
**voleybol**

rafting
**rafting**

rowing
**kürek sporu**

sailing
**yelken sporu**

**water skiing**
**su kayağı**

**skiing**
**kayakçılık**

**snowboarding**
**snovbord**

**ice hockey**
**buz hokeyi**

**speed skating**
**hız pateni**

**soccer**
**futbol**

**stadium**
**stadyum**

**table tennis**
**masa tenisi**

**tennis**
**tenis**

**swimming pool**
**havuz**

**swimming**
**yüzme**

**water polo**
**sutopu**

**compass**
**pusula**

**sleeping bag**
**uyku tulumu**

**stopwatch**
**kronometre**

**tent**
**çadır**

**canvas**
**tuval**

**palette**
**palet**

**picture**
**resim**

**picture frame**
**resim çerçevesi**

**easel**
**ressam sehpası**

**bust**
**büst**

**statue**
**heykel**

DONATELLO

**audience**
**izleyici**

**auditorium**
**konser salonu**

**ballet**
**bale**

**cinema**
**sinema**

**concert**
**konser**

**museum**
**müze**

**orchestra**
**orkestra**

**theater**
**tiyatro**

**stage**
**sahne**

**mandolin**
**mandolin**

**banjo**
**banço**

**acoustic guitar**
**akustik gitar**

**electric guitar**
**elektro gitar**

**balalaika**
**balalayka**

**harp**
**arp**

**accordion**
**akordeon**

**piano**
**piyano**

**harmonica**
**armonika**

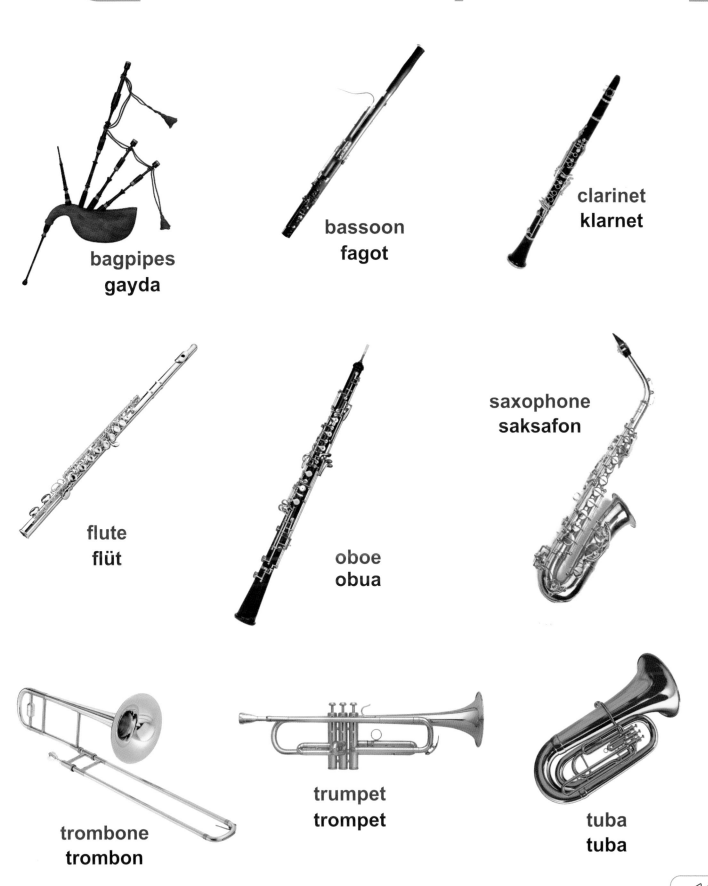

bagpipes
gayda

bassoon
fagot

clarinet
klarnet

flute
flüt

oboe
obua

saxophone
saksafon

trombone
trombon

trumpet
trompet

tuba
tuba

**drumsticks**
**davul sopası**

**cymbal**
**zil**

**bass drum**
**bas davul**

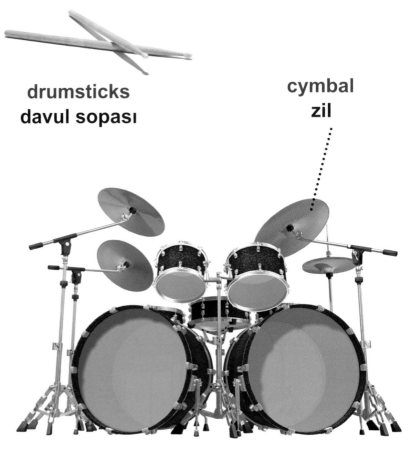

**drum kit**
**bateri**

**tambourine**
**tef**

**snare drum**
**trampet**

**timpani**
**timpani**

**cello**
**viyolonsel**

**double bass**
**kontrbas**

**violin**
**keman**

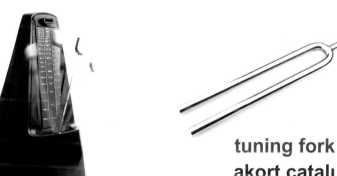

**music stand**
**nota sehpası**

**metronome**
**metronom**

**tuning fork**
**akort çatalı**

# Time  Zaman

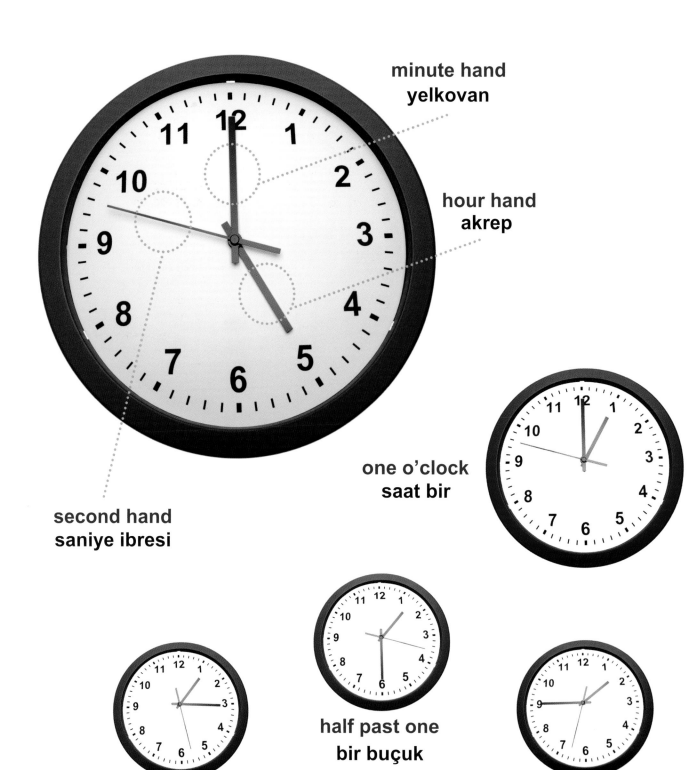

minute hand
yelkovan

hour hand
akrep

second hand
saniye ibresi

one o'clock
saat bir

half past one
bir buçuk

quarter past one
biri çeyrek geçiyor

quarter to two
ikiye çeyrek var

**week**
**hafta**

**year**
**yıl**

## 2013

### January
| Sun | Mon | Tue | Wed | Thu | Fri | Sat |
|---|---|---|---|---|---|---|
| 30 | 31 | 1 | 2 | 3 | 4 | 5 |
| 6 | 7 | 8 | 9 | 10 | 11 | 12 |
| 13 | 14 | 15 | 16 | 17 | 18 | 19 |
| 20 | 21 | 22 | 23 | 24 | 25 | 26 |
| 27 | 28 | 29 | 30 | 31 | 1 | 2 |
| 3 | 4 | 5 | 6 | 7 | 8 | 9 |

### February
| Sun | Mon | Tue | Wed | Thu | Fri | Sat |
|---|---|---|---|---|---|---|
| 27 | 28 | 29 | 30 | 31 | 1 | 2 |
| 3 | 4 | 5 | 6 | 7 | 8 | 9 |
| 10 | 11 | 12 | 13 | 14 | 15 | 16 |
| 17 | 18 | 19 | 20 | 21 | 22 | 23 |
| 24 | 25 | 26 | 27 | 28 | 1 | 2 |
| 3 | 4 | 5 | 6 | 7 | 8 | 9 |

### March
| Sun | Mon | Tue | Wed | Thu | Fri | Sat |
|---|---|---|---|---|---|---|
| 24 | 25 | 26 | 27 | 28 | 1 | 2 |
| 3 | 4 | 5 | 6 | 7 | 8 | 9 |
| 10 | 11 | 12 | 13 | 14 | 15 | 16 |
| 17 | 18 | 19 | 20 | 21 | 22 | 23 |
| 24 | 25 | 26 | 27 | 28 | 29 | 30 |
| 31 | 1 | 2 | 3 | 4 | 5 | 6 |

### April
| Sun | Mon | Tue | Wed | Thu | Fri | Sat |
|---|---|---|---|---|---|---|
| 31 | 1 | 2 | 3 | 4 | 5 | 6 |
| 7 | 8 | 9 | 10 | 11 | 12 | 13 |
| 14 | 15 | 16 | 17 | 18 | 19 | 20 |
| 21 | 22 | 23 | 24 | 25 | 26 | 27 |
| 28 | 29 | 30 | 1 | 2 | 3 | 4 |
| 5 | 6 | 7 | 8 | 9 | 10 | 11 |

### May
| Sun | Mon | Tue | Wed | Thu | Fri | Sat |
|---|---|---|---|---|---|---|
| 28 | 29 | 30 | 1 | 2 | 3 | 4 |
| 5 | 6 | 7 | 8 | 9 | 10 | 11 |
| 12 | 13 | 14 | 15 | 16 | 17 | 18 |
| 19 | 20 | 21 | 22 | 23 | 24 | 25 |
| 26 | 27 | 28 | 29 | 30 | 31 | 1 |
| 2 | 3 | 4 | 5 | 6 | 7 | 8 |

### June
| Sun | Mon | Tue | Wed | Thu | Fri | Sat |
|---|---|---|---|---|---|---|
| 26 | 27 | 28 | 29 | 30 | 31 | 1 |
| 2 | 3 | 4 | 5 | 6 | 7 | 8 |
| 9 | 10 | 11 | 12 | 13 | 14 | 15 |
| 16 | 17 | 18 | 19 | 20 | 21 | 22 |
| 23 | 24 | 25 | 26 | 27 | 28 | 29 |
| 30 | 1 | 2 | 3 | 4 | 5 | 6 |

**month**
**ay**

**fortnight**
**iki hafta**

### July
| Sun | Mon | Tue | Wed | Thu | Fri | Sat |
|---|---|---|---|---|---|---|
| 30 | 1 | 2 | 3 | 4 | 5 | 6 |
| 7 | 8 | 9 | 10 | 11 | 12 | 13 |
| 14 | 15 | 16 | 17 | 18 | 19 | 20 |
| 21 | 22 | 23 | 24 | 25 | 26 | 27 |
| 28 | 29 | 30 | 31 | 1 | 2 | 3 |
| 4 | 5 | 6 | 7 | 8 | 9 | 10 |

### August
| Sun | Mon | Tue | Wed | Thu | Fri | Sat |
|---|---|---|---|---|---|---|
| 28 | 29 | 30 | 31 | 1 | 2 | 3 |
| 4 | 5 | 6 | 7 | 8 | 9 | 10 |
| 11 | 12 | 13 | 14 | 15 | 16 | 17 |
| 18 | 19 | 20 | 21 | 22 | 23 | 24 |
| 25 | 26 | 27 | 28 | 29 | 30 | 31 |
| 1 | 2 | 3 | 4 | 5 | 6 | 7 |

### September
| Sun | Mon | Tue | Wed | Thu | Fri | Sat |
|---|---|---|---|---|---|---|
| 1 | 2 | 3 | 4 | 5 | 6 | 7 |
| 8 | 9 | 10 | 11 | 12 | 13 | 14 |
| 15 | 16 | 17 | 18 | 19 | 20 | 21 |
| 22 | 23 | 24 | 25 | 26 | 27 | 28 |
| 29 | 30 | 1 | 2 | 3 | 4 | 5 |
| 6 | 7 | 8 | 9 | 10 | 11 | 12 |

### October
| Sun | Mon | Tue | Wed | Thu | Fri | Sat |
|---|---|---|---|---|---|---|
| 29 | 30 | 1 | 2 | 3 | 4 | 5 |
| 6 | 7 | 8 | 9 | 10 | 11 | 12 |
| 13 | 14 | 15 | 16 | 17 | 18 | 19 |
| 20 | 21 | 22 | 23 | 24 | 25 | 26 |
| 27 | 28 | 29 | 30 | 31 | 1 | 2 |
| 3 | 4 | 5 | 6 | 7 | 8 | 9 |

### November
| Sun | Mon | Tue | Wed | Thu | Fri | Sat |
|---|---|---|---|---|---|---|
| 27 | 28 | 29 | 30 | 31 | 1 | 2 |
| 3 | 4 | 5 | 6 | 7 | 8 | 9 |
| 10 | 11 | 12 | 13 | 14 | 15 | 16 |
| 17 | 18 | 19 | 20 | 21 | 22 | 23 |
| 24 | 25 | 26 | 27 | 28 | 29 | 30 |
| 1 | 2 | 3 | 4 | 5 | 6 | 7 |

### December
| Sun | Mon | Tue | Wed | Thu | Fri | Sat |
|---|---|---|---|---|---|---|
| 1 | 2 | 3 | 4 | 5 | 6 | 7 |
| 8 | 9 | 10 | 11 | 12 | 13 | 14 |
| 15 | 16 | 17 | 18 | 19 | 20 | 21 |
| 22 | 23 | 24 | 25 | 26 | 27 | 28 |
| 29 | 30 | 31 | 1 | 2 | 3 | 4 |
| 5 | 6 | 7 | 8 | 9 | 10 | 11 |

**decade**
**on yıl**

**century**
**yüzyıl**

**1000 YEARS**
**millennium**
**bin yıl**

**spring**
**ilkbahar**

**summer**
**yaz**

**fall**
**sonbahar**

**winter**
**kış**

sunrise
gündoğumu

dawn
şafak

dusk
alacakaranlık

evening
akşam

night
gece

midnight
gece yarısı

**classroom**
**sınıf**

**desk**
**sıra**

**library**
**kütüphane**

**playground**
**oyun alanı**

**blackboard**
**karatahta**

**lesson**
**ders**

**sandpit**
**kum havuzu**

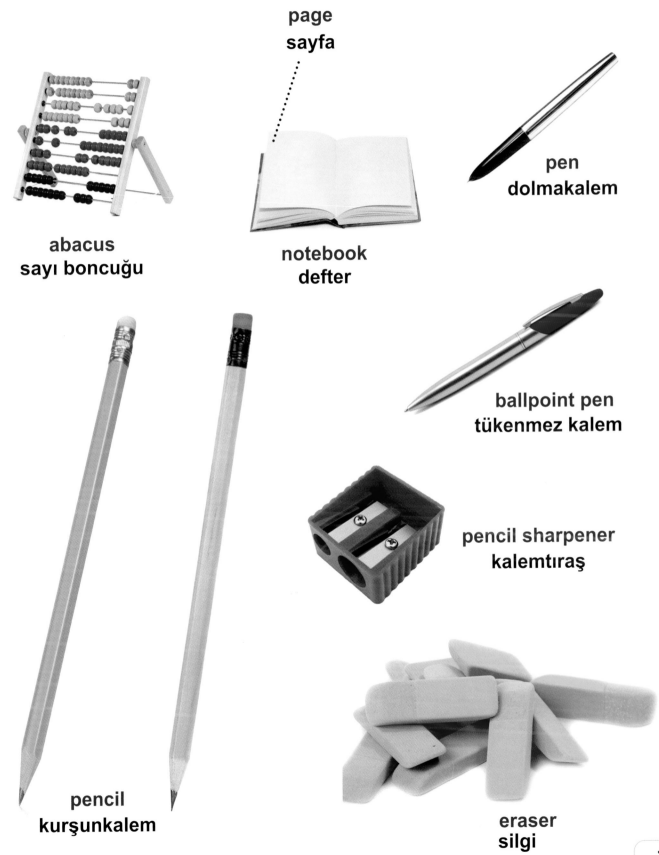

page
sayfa

abacus
sayı boncuğu

notebook
defter

pen
dolmakalem

ballpoint pen
tükenmez kalem

pencil sharpener
kalemtıraş

pencil
kurşunkalem

eraser
silgi

**chalk**
**tebeşir**

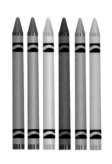

**crayons**
**pastel boya**

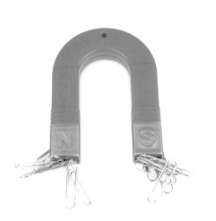

**magnet**
**mıknatıs**

**magnifying glass**
**büyüteç**

**ruler**
**cetvel**

**scissors**
**makas**

**pushpin**
**raptiye**

**tape dispenser**
**bant tankı**

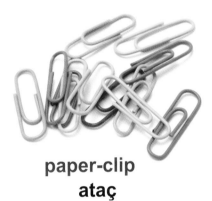

**paper-clip**
**ataç**

**globe**
**küre**

**telescope**
**teleskop**

**microscope**
**mikroskop**

**ball**
**top**

**chess set**
**satranç**

**cardboard box**
**koli**

**calculator**
**hesap makinesi**

**envelope**
**mektup zarfı**

**letters**
**mektup**

**encyclopedia**
**ansiklopedi**

**stamp**
**pul**

**ink**
**mürekkep**

**hole puncher**
**delikli zımba**

**rubber stamp**
**stampa**

**staple remover**
**dişli zımba**

**stapler**
**zımba**

**staples**
**zımba teli**

**waste basket**
**çöp sepeti**

**whistle**
**düdük**

**writing pad**
**bloknot**

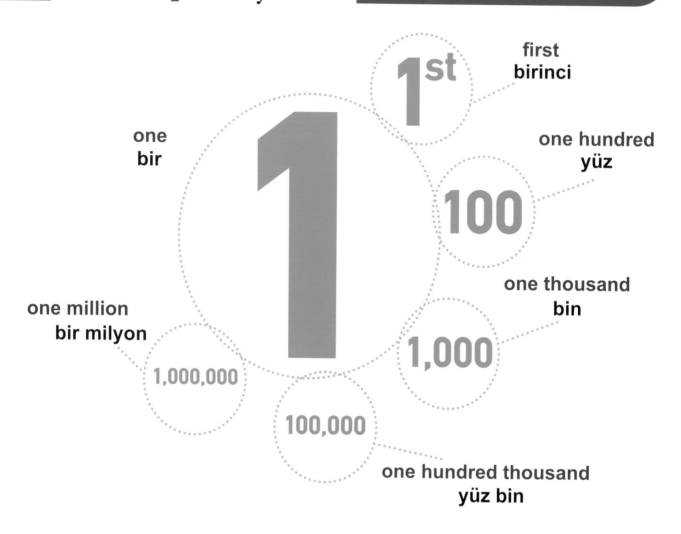

one
bir

**1**

1**st**
first
birinci

one hundred
yüz

**100**

one thousand
bin

**1,000**

one million
bir milyon

**1,000,000**

**100,000**

one hundred thousand
yüz bin

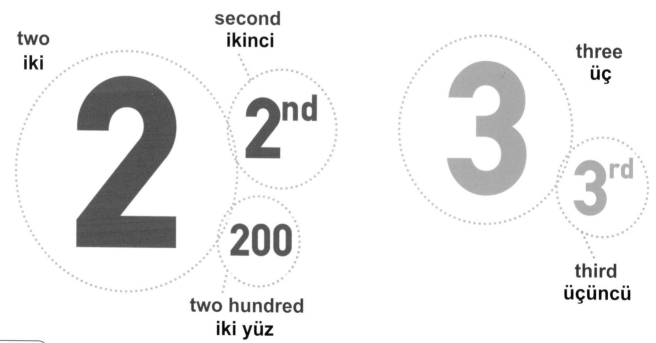

two
iki

second
ikinci

**2**

2**nd**

**200**

two hundred
iki yüz

three
üç

**3**

3**rd**

third
üçüncü

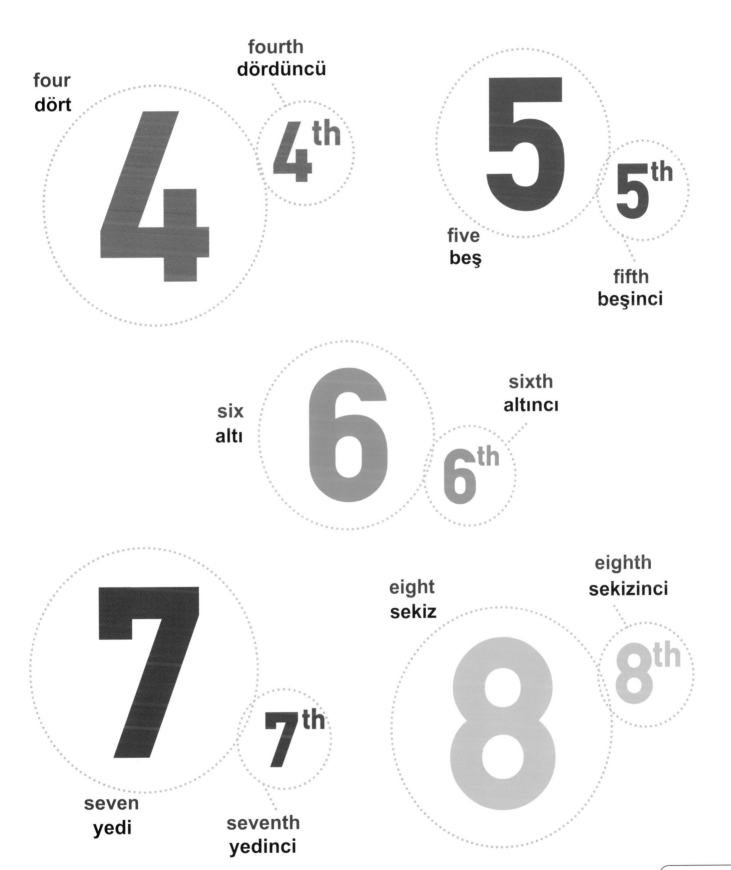

four
dört

fourth
dördüncü

4

4<sup>th</sup>

5

5<sup>th</sup>

five
beş

fifth
beşinci

six
altı

6

sixth
altıncı

6<sup>th</sup>

seven
yedi

7

7<sup>th</sup>

seventh
yedinci

eight
sekiz

eighth
sekizinci

8

8<sup>th</sup>

**9**

**9**th

nine
dokuz

ninth
dokuzuncu

ten
on

tenth
onuncu

**10**

**10**th

**10,000**

ten thousand
on bin

**11**

**11**th

eleven
on bir

eleventh
on birinci

twelve
on iki

**12**

**12**th

twelfth
on ikinci

**13**

**13**th

thirteenth
on üçüncü

thirteen
on üç

**fourteen**
**on dört**

14

14th

**fourteenth**
**on dördüncü**

**fifteen**
**on beş**

15

15th

**fifteenth**
**on beşinci**

**sixteen**
**on altı**

16

16th

**sixteenth**
**on altıncı**

17

17th

**seventeenth**
**on yedinci**

**seventeen**
**on yedi**

**eighteen**
**on sekiz**

18

18th

**eighteenth**
**on sekizinci**

**nineteen**
**on dokuz**

19

19th

**nineteenth**
**on dokuzuncu**

**20**
**20th**

twentieth
yirminci

twenty
yirmi

**21**
twenty-one
yirmi bir

**21st**
twenty-first
yirmi birinci

**30**
thirty
otuz

**31**
thirty-one
otuz bir

**40**
forty
kırk

**41**
forty-one
kırk bir

**50**
fifty
elli

**51**
fifty-one
elli bir

**60**
sixty
altmış

**61**
sixty-one
altmış bir

**70**
seventy
yetmiş

**71**
seventy-one
yetmiş bir

**80**
eighty
seksen

**81**
eighty-one
seksen bir

**90**
ninety
doksan

**91**
ninety-one
doksan bir

**0**
zero
sıfır

**circle**
**daire**

**sphere**
**küre**

**cone**
**koni**

**semicircle**
**yarım daire**

**hemisphere**
**yarımküre**

**cylinder**
**silindir**

**square**
**kare**

**rectangle**
**dikdörtgen**

**octagon**
**sekizgen**

**pentagon**
**beşgen**

**hexagon**
**altıgen**

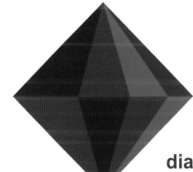

**diamond**
**paralelkenar**

**star**
**yıldız**

**kite**
**yamuk**

**triangle**
**üçgen**

**pyramid**
**piramit**

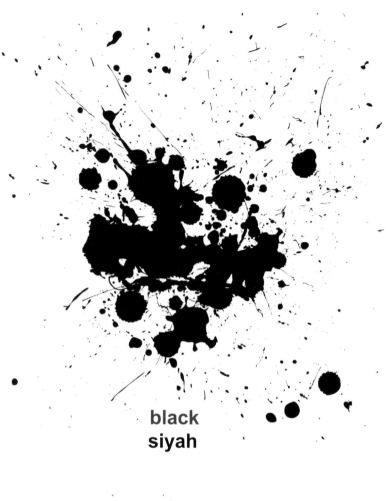

**black**
**siyah**

**brown**
**kahverengi**

**green**
**yeşil**

**gray**
**gri**

**yellow**
**sarı**

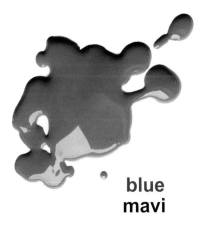

**blue**
**mavi**

**pink**
**pembe**

**white**
**beyaz**

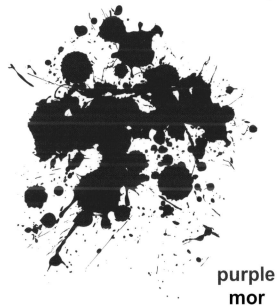

**purple**
**mor**

**red**
**kırmızı**

It's
**apostrophe**
**tepeden virgül**

near,
**comma**
**virgül**

look:
**colon**
**iki nokta**

-around-
**dash**
**tire**

the...
**ellipsis**
**üç nokta**

clock!
**exclamation mark**
**ünlem işareti**

really?
**question mark**
**soru işareti**

"he said"
**quotation marks**
**tırnak işareti**

Yes.
**period**
**nokta**

(almost)
**parentheses**
**parantez**

done;
**semicolon**
**noktalı virgül**

'sir'
**single quotation marks**
**tek tırnak işareti**

3+1

**plus sign**
**artı işareti**

$\sqrt{16}$

**square root of**
**karekök**

7-3

**minus sign**
**eksi işareti**

25%

**percent**
**yüzde**

2×2

**multiplication sign**
**çarpı işareti**

=4

**equal sign**
**eşittir işareti**

8÷2

**division sign**
**bölme işareti**

earth & space

**ampersand**
**"ve" işareti**

He/She

**forward slash**
**eğik çizgi**

html\n

**backslash**
**ters bölü**

info@milet.com

**at sign**
**kuyruklu a**

# Index  Indeks

**A**—abacus 119 sayı boncuğu
accordion 110 akordeon
acoustic guitar 110 akustik gitar
adjustable wrench 48 ingiliz anahtarı
Africa 97 Afrika
air conditioner 24 klima
airplane 76 uçak
airport 80 havaalanı
almond 64 badem
ambulance 74 ambulans
American football 102 Amerikan futbolu
ampersand 134 "ve" işareti
ankle 23 ayak bileği
answering machine 52 telesekreter
ant 10 karınca
apostrophe 134 tepeden virgül
apple 55 elma
apricot 55 kayısı
archery 102 okçuluk
arm 21 kol
armchair 25 koltuk
armpit 21 koltuk altı
artichoke 60 enginar
Asia 97 Asya
asparagus 60 kuşkonmaz
astronaut 99 astronot
at sign 135 kuyruklu a
athletics 102 atletizm
attic 24 çatı katı
aubergine 60 patlıcan
audience 109 izleyici
auditorium 109 konser salonu
Australia 97 Avustralya
avalanche 94 çığ
avocado 55 avokado
axe 51 balta
**B**—backpack 43 sırt çantası
backslash 135 ters bölü
badge 43 kimlik kartı
badminton 102 badminton
bagpipes 111 gayda
balalaika 110 balalayka
ball 122 top
ballet 109 bale
ballpoint pen 119 tükenmez kalem
banana 55 muz
banjo 110 banço
barn 7 ahır
baseball 103 beysbol
basket 32 sepet
basketball 103 basketbol
bass drum 112 bas davul
bassoon 111 fagot
bat 16 yarasa
bathrobe 38 bornoz
bathroom 27 banyo
bathtub 27 küvet
battery 49 pil
beach 89 plaj
beak 4 gaga

beans 66 fasulye
bear 16 ayı
bed 26 yatak
bedroom 26 yatak odası
bedside lamp 34 gece lâmbası
bee 11 arı
beehive 11 arı kovanı
beetle 10 kınkanatlı böcek
begonia 82 begonya
belt 40 kemer
beret 40 bere
bicycle 75 bisiklet
black 132 siyah
black pepper 68 karabiber
blackberry 55 böğürtlen
blackboard 118 karatahta
blanket 26 battaniye
blender 36 blendır
blouse 39 bluz
blue 133 mavi
blueberry 55 yabanmersini
boots 41 çizme
bottle 30 şişe
bow tie 40 papyon
bowl 29 kâse
box 32 kutu
bracelet 42 bilezik
brake 75 fren
bread 52 ekmek
breakfast 69 kahvaltı
bridge 81 köprü
briefcase 43 dosya çantası
broccoli 60 brokoli
broom 32 saplı süpürge
brown 132 kahverengi
bucket 32 kova
bud 82 tomurcuk
bull 7 boğa
bulldozer 74 buldozer
burger 63 hamburger
burner 31 ocak
bus 77 otobüs
bus stop 80 otobüs durağı
bush 87 çalı
bust 108 büst
butter 70 tereyağı
butterfly 10 kelebek
button 44 düğme
**C**—cabbage 60 lahana
cabinet 28 dolap
cable 53 kablo
cactus 87 kaktüs
cage 4 kafes
cake 63 pasta
calculator 122 hesap makinesi
calf 7 dana
calf 23 baldır
camel 9 deve
camellia 82 kamelya
camper van 73 karavan

| | | |
|---|---|---|
| canal | 100 | kanal |
| candies | 69 | şekerleme |
| candle | 32 | mum |
| canned food | 67 | konserve |
| canoe | 79 | kano |
| canvas | 108 | tuval |
| cap | 40 | kasket |
| car | 72 | araba |
| car battery | 49 | araba aküsü |
| cardboard box | 122 | mukavva / karton |
| cardigan | 39 | hırka |
| carnation | 82 | karanfil |
| carpet | 25 | halı |
| carrot | 58 | havuç |
| cat | 7 | kedi |
| caterpillar | 10 | tırtıl |
| cauliflower | 60 | karnabahar |
| cave | 93 | mağara |
| ceiling | 25 | tavan |
| ceiling fan | 34 | vantilatör |
| celery | 61 | kereviz |
| cello | 113 | viyolonsel |
| century | 115 | yüzyıl |
| chain | 50 | zincir |
| chair | 28 | sandalye |
| chalk | 120 | tebeşir |
| chameleon | 12 | bukalemun |
| chandelier | 34 | avize |
| checkout | 54 | kasa |
| cheek | 22 | yanak |
| cheese | 70 | peynir |
| cherry | 55 | kiraz |
| chess set | 122 | satranç |
| chest | 21 | göğüs |
| chestnut | 64 | kestane |
| chick | 8 | civciv |
| chicken | 65 | tavuk eti |
| chili pepper | 58 | acı biber |
| chimney | 24 | baca |
| chimpanzee | 17 | şempanze |
| chin | 22 | çene |
| chip | 52 | çip |
| chisel | 51 | keski |
| chocolate | 69 | çikolata |
| chocolate chip cookie | 62 | kurabiye |
| cinema | 109 | sinema |
| circle | 130 | daire |
| clarinet | 111 | klarnet |
| classroom | 118 | sınıf |
| claw | 4 | pençe |
| clay | 91 | kil |
| cliff | 92 | uçurum |
| clock | 32 | saat |
| cloth | 44 | bez parçası |
| clothes brush | 44 | elbise fırçası |
| clothes hanger | 44 | elbise askısı |
| clothespin | 32 | mandal |
| cloud | 94 | bulut |
| coal | 93 | kömür |
| coast | 89 | deniz kıyısı |
| cobweb | 11 | örümcek ağı |
| coconut | 57 | hindistan cevizi |
| cocoon | 10 | koza |
| coffee | 71 | kahve |
| collar | 8 | tasma |
| colon | 134 | iki nokta |
| comb | 45 | tarak |
| combination wrenches | 48 | karma anahtar |
| comforter | 26 | yorgan |
| comma | 134 | virgül |
| compass | 107 | pusula |
| computer | 52 | bilgisayar |
| concert | 109 | konser |
| cone | 130 | koni |
| container | 78 | konteynır |
| container ship | 78 | konteynır gemisi |
| cookie | 62 | bisküvi |
| coral | 15 | mercan |
| corn | 58 | mısır |
| corncob | 58 | mısır koçanı |
| cotton | 82 | pamuk |
| countryside | 100 | kırsal bölge |
| cow | 7 | inek |
| crab | 14 | yengeç |
| crackers | 62 | kraker |
| crayfish | 14 | kerevit |
| crayons | 120 | pastel boya |
| cream | 70 | krema |
| crest | 8 | ibik |
| cricket | 10 | cırcır böceği |
| cricket | 102 | kriket |
| crocodile | 12 | timsah |
| crosswalk | 80 | yaya geçidi |
| crow | 4 | karga |
| cruise ship | 78 | yolcu gemisi |
| cub | 18 | yaban hayvanı yavrusu |
| cucumber | 59 | salatalık |
| curtain | 25 | perde |
| cushion | 25 | minder |
| cutting board | 31 | doğrama tahtası |
| cycling | 102 | bisiklete binme |
| cylinder | 130 | silindir |
| cymbal | 112 | zil |
| **D**_ daisy | 82 | papatya |
| dam | 100 | baraj |
| dash | 134 | tire |
| dawn | 117 | şafak |
| decade | 115 | on yıl |
| deck | 78 | güverte |
| deep fryer | 35 | fritöz |
| deer | 19 | geyik |
| desert | 91 | çöl |
| desk | 118 | sıra |
| desk lamp | 34 | masa lambası |
| dessert | 69 | tatlı |
| diamond | 42 | elmas |
| diamond | 131 | paralelkenar |
| digger truck | 74 | kepçe |
| dill | 61 | dereotu |
| dining table | 28 | masa |

# Index    Indeks

| | | | | | | | |
|---|---|---|---|---|---|---|---|
| disaster | 101 | felaket | | eyelashes | 22 | kirpik |
| dishwasher | 37 | bulaşık makinesi | | eyelid | 22 | göz kapağı |
| diving | 103 | dalma | **F** | face | 22 | yüz |
| division sign | 135 | bölme işareti | | falcon | 4 | doğan |
| dog | 7 | köpek | | fall | 116 | sonbahar |
| doghouse | 7 | köpek kulübesi | | faucet | 31 | musluk |
| dolphin | 14 | yunus | | fawn | 19 | geyik yavrusu |
| donkey | 9 | eşek | | feather | 4 | tüy |
| door | 24 | kapı | | fencing | 104 | eskrim |
| door handle | 36 | kapı kolu | | fender | 72 | tampon |
| doorbell | 36 | kapı zili | | field | 88 | tarla |
| doormat | 33 | paspas | | fifteen | 127 | on beş |
| double bass | 113 | kontrbas | | fifteenth | 127 | on beşinci |
| dragonfly | 10 | yusufçuk | | fifth | 125 | beşinci |
| dress | 38 | elbise | | fifty | 128 | elli |
| drill bit | 49 | matkap ucu | | fifty-one | 128 | elli bir |
| drum kit | 112 | bateri | | fingerprint | 23 | parmak izi |
| drumsticks | 112 | davul sopası | | fire | 101 | yangın |
| duck | 8 | ördek | | fire extinguisher | 50 | yangın söndürücü |
| dump truck | 73 | damperli kamyon | | fire truck | 74 | itfaiye aracı |
| dusk | 117 | alacakaranlık | | fireplace | 25 | şömine |
| **E** eagle | 4 | kartal | | first | 124 | birinci |
| ear | 22 | kulak | | fish | 14 | balık |
| earphones | 53 | kulaklık | | fish | 65 | balık |
| earrings | 42 | küpe | | five | 125 | beş |
| Earth | 98 | yeryüzü | | flame | 101 | alev |
| earthquake | 101 | deprem | | flamingo | 4 | flamingo |
| earthworm | 13 | solucan | | flight deck | 76 | kokpit |
| easel | 108 | ressam sehpası | | flip-flops | 41 | tokyo terlik |
| egg | 4 | yumurta | | flood | 95 | sel |
| egg | 66 | yumurta | | floor | 25 | zemin |
| eight | 125 | sekiz | | floor lamp | 34 | ayaklı lâmba |
| eighteen | 127 | on sekiz | | flour | 62 | un |
| eighteenth | 127 | on sekizinci | | flowerpot | 33 | saksı |
| eighth | 125 | sekizinci | | flute | 111 | flüt |
| eighty | 129 | seksen | | fly | 11 | sinek |
| eighty-one | 129 | seksen bir | | fog | 95 | sis |
| elbow | 23 | dirsek | | folding chair | 25 | katlanabilir sandalye |
| electric cooker | 35 | elektrikli ocak | | food processor | 36 | mutfak robotu |
| electric drill | 49 | matkap | | foot | 21 | ayak |
| electric guitar | 110 | elektro gitar | | footprint | 21 | ayak izi |
| electric razor | 46 | elektrikli tıraş makinesi | | forehead | 21 | alın |
| electrical outlet | 36 | elektrik prizi | | forest | 92 | orman |
| elephant | 16 | fil | | fork | 30 | çatal |
| eleven | 126 | on bir | | forklift | 74 | forklift |
| eleventh | 126 | on birinci | | fortnight | 115 | iki hafta |
| ellipsis | 134 | üç nokta | | forty | 128 | kırk |
| ember | 101 | kor | | forty-one | 128 | kırk bir |
| emerald | 42 | zümrüt | | forward slash | 135 | eğik çizgi |
| encyclopedia | 122 | ansiklopedi | | fossil | 101 | fosil |
| engine | 72 | motor | | foulard | 40 | fular |
| envelope | 122 | mektup zarfı | | four | 125 | dört |
| equal sign | 135 | eşittir işareti | | fourteen | 127 | on dört |
| eraser | 119 | silgi | | fourteenth | 127 | on dördüncü |
| Europe | 96 | Avrupa | | fourth | 125 | dördüncü |
| evening | 117 | akşam | | fox | 17 | tilki |
| exclamation mark | 134 | ünlem işareti | | French fries | 68 | cips |
| eye | 22 | göz | | frog | 12 | kurbağa |
| eye glasses | 45 | gözlük | | frost | 94 | kırağı |
| eyebrow | 22 | kaş | | fruit juice | 71 | meyve suyu |

| | | |
|---|---|---|
| frying pan | 29 | kızartma tavası |
| fuchsia | 82 | küpe çiçeği |
| **G** galaxy | 99 | galaksi |
| garage | 81 | garaj |
| garden | 88 | bahçe |
| gardenia | 83 | gardenya |
| garlic | 58 | sarımsak |
| gas cap | 72 | yakıt deposu kapağı |
| gas lighter | 47 | çakmak |
| gas pump | 81 | yakıt pompası |
| gas station | 81 | benzin istasyonu |
| geranium | 83 | sardunya |
| giraffe | 17 | zürafa |
| glass | 30 | bardak |
| globe | 121 | küre |
| glove | 40 | eldiven |
| goat | 9 | keçi |
| golf | 104 | golf |
| goose | 8 | kaz |
| gorilla | 17 | goril |
| grape | 56 | üzüm |
| grapefruit | 56 | greyfurt |
| grass | 87 | çim |
| grasshopper | 10 | çekirge |
| gray | 132 | gri |
| green | 132 | yeşil |
| green bean | 59 | taze fasulye |
| ground beef | 65 | kıyma |
| ground floor | 24 | zemin kat |
| gull | 5 | martı |
| **H** hail | 94 | dolu |
| hair | 22 | saç |
| hair dryer | 45 | saç kurutma makinesi |
| hairbrush | 45 | saç fırçası |
| hairpin | 45 | saç tokası |
| half past one | 114 | bir buçuk |
| hammer | 49 | çekiç |
| hand | 21 | el |
| hand gliding | 103 | planör |
| handball | 104 | hentbol |
| handlebars | 75 | gidon |
| handsaw | 51 | testere |
| harmonica | 110 | armonika |
| harp | 110 | arp |
| harvest | 88 | hasat |
| hat | 40 | şapka |
| hawk | 5 | atmaca |
| hay | 88 | saman |
| hazelnut | 64 | fındık |
| head | 21 | baş |
| headlight | 72 | far |
| hedgehog | 20 | kirpi |
| heel | 23 | topuk |
| heel | 41 | topuk |
| helicopter | 76 | helikopter |
| hemisphere | 130 | yarımküre |
| hen | 8 | tavuk |
| heron | 5 | balıkçıl |
| hexagon | 131 | altıgen |
| high jump | 104 | yüksek atlama |
| highway | 80 | otoyol |
| hill | 91 | tepe |
| hip | 23 | kalça |
| hippopotamus | 19 | suaygırı |
| hole puncher | 123 | delikli zımba |
| honey | 97 | bal |
| hood | 72 | motor kapağı |
| hoof | 9 | toynak |
| horn | 19 | boynuz |
| horse | 9 | at |
| horse racing | 104 | at yarışı |
| horse riding | 104 | binicilik |
| hose | 51 | hortum |
| hour hand | 114 | saat |
| house | 24 | ev |
| hurdles | 104 | engelli koşu |
| hyacinth | 83 | sümbül |
| **I** ice cream | 69 | dondurma |
| ice cube | 71 | buz küpü |
| ice hockey | 106 | buz hokeyi |
| icicle | 94 | saçak buzu |
| iguana | 12 | iguana |
| index finger | 23 | işaret parmağı |
| ink | 31 | mürekkep |
| iris | 83 | süsen |
| iron | 37 | ütü |
| ironing board | 33 | ütü masası |
| island | 89 | ada |
| **J** jar | 30 | kavanoz |
| jasmine | 83 | yasemin |
| javelin | 105 | cirit atma |
| jeans | 39 | kot pantolon |
| jellyfish | 14 | denizanası |
| jerrycan | 33 | bidon |
| jet ski | 79 | su kızağı |
| jewellery | 42 | mücevher |
| jonquil | 83 | fulya |
| judo | 103 | judo |
| jug | 30 | sürahi |
| juice extractor | 31 | meyve sıkacağı |
| jumpsuit | 38 | tulum |
| jungle | 92 | sık orman |
| Jupiter | 98 | Jüpiter |
| **K** kangaroo | 18 | kanguru |
| key | 47 | anahtar |
| keyboard | 52 | klavye |
| kitchen | 29 | mutfak |
| kite | 131 | yamuk |
| kitten | 7 | kedi yavrusu |
| kiwi | 56 | kivi |
| knee | 21 | diz |
| knife | 30 | bıçak |
| koala | 16 | koala |
| **L** ladder | 50 | merdiven |
| ladybird | 11 | uğur böceği |
| lake | 90 | gölet |
| lamb | 9 | kuzu |
| lamp | 34 | lamba |
| lavender | 83 | lavanta |
| layer | 91 | katman |

# Index | Indeks

| English | Page | Turkish |
|---|---|---|
| leaf | 87 | yaprak |
| leek | 61 | pırasa |
| leg | 21 | bacak |
| lemon | 58 | limon |
| lemonade | 71 | limonata |
| lentils | 66 | yeşil mercimek |
| leopard | 18 | leopar |
| lesson | 118 | ders |
| letters | 122 | mektup |
| lettuce | 61 | kıvırcık salata |
| library | 118 | kütüphane |
| lightning | 95 | yıldırım |
| lilac | 84 | leylak |
| lion | 18 | aslan |
| lip | 22 | dudak |
| little finger | 23 | serçe parmağı |
| living room | 25 | salon |
| lizard | 12 | kertenkele |
| llama | 18 | lama |
| lobster | 14 | ıstakoz |
| log | 88 | kütük |
| long-nose pliers | 48 | kargaburun |
| lovebird | 5 | muhabbet kuşu |
| **M** magnet | 120 | mıknatıs |
| magnifying glass | 120 | büyüteç |
| magnolia | 84 | manolya |
| mallet | 49 | tokmak |
| mandarin | 56 | mandalina |
| mandolin | 110 | mandolin |
| mane | 18 | yele |
| mango | 57 | mango |
| manicure set | 46 | manikür takımı |
| marathon | 105 | maraton |
| market | 54 | pazar |
| marrow | 60 | kabak |
| Mars | 98 | Mars |
| marsh | 90 | bataklık |
| matchbox | 47 | kibrit kutusu |
| matchsticks | 47 | kibrit çöpü |
| melon | 56 | kavun |
| Mercury | 98 | Merkür |
| metronome | 113 | metronom |
| microphone | 53 | mikrofon |
| microscope | 121 | mikroskop |
| microwave oven | 35 | mikrodalga fırın |
| middle finger | 23 | orta parmak |
| midnight | 117 | gece yarısı |
| milk | 70 | süt |
| Milky Way | 99 | Samanyolu |
| millennium | 115 | bin yıl |
| minivan | 73 | minibüs |
| mint | 61 | nane |
| minus sign | 135 | eksi işareti |
| minute hand | 114 | dakika |
| mirror | 27 | ayna |
| mole | 20 | köstebek |
| mole wrench | 48 | kilitli kerpeten |
| monitor | 52 | monitör |
| monkey | 17 | maymun |
| month | 115 | ay |
| Moon | 98 | Ay |
| mop | 33 | paspas |
| mosquito | 11 | sivrisinek |
| moss | 84 | yosun |
| moth | 10 | güve |
| motorcycle | 75 | motosiklet |
| mountain | 91 | dağ |
| mountaineering | 105 | dağcılık |
| mouse | 20 | fare |
| mouth | 22 | ağız |
| mud | 100 | çamur |
| multiplication sign | 135 | çarpı işareti |
| museum | 109 | müze |
| mushroom | 58 | mantar |
| music stand | 113 | nota sehpası |
| **N** nail | 49 | çivi |
| nail clippers | 46 | tırnak makası |
| nail file | 46 | tırnak törpüsü |
| narcissus | 84 | nergis |
| navel | 23 | göbek |
| neck | 22 | boyun |
| necklace | 42 | kolye |
| Neptune | 98 | Neptün |
| nest | 5 | kuş yuvası |
| nettle | 84 | ısırgan |
| newspaper | 53 | gazete |
| newt | 12 | keler |
| night | 117 | gece |
| nine | 126 | dokuz |
| nineteen | 127 | on dokuz |
| nineteenth | 127 | on dokuzuncu |
| ninety | 129 | doksan |
| ninety-one | 129 | doksan bir |
| ninth | 125 | dokuzuncu |
| North America | 96 | Kuzey Amerika |
| nose | 22 | burun |
| notebook | 119 | defter |
| nut | 48 | somun |
| **O** oats | 86 | yulaf |
| oboe | 111 | obua |
| ocean | 89 | okyanus |
| octagon | 131 | sekizgen |
| octopus | 14 | ahtapot |
| oil | 67 | sıvıyağ |
| okra | 59 | bamya |
| olive | 67 | zeytin |
| olive oil | 67 | zeytinyağı |
| one | 124 | bir |
| one hundred | 124 | yüz |
| one hundred thousand | 124 | yüz bin |
| one million | 124 | bir milyon |
| one o'clock | 114 | saat bir |
| one thousand | 124 | bin |
| onion | 59 | soğan |
| open ended wrench | 48 | açık uçlu anahtar |
| orange | 56 | portakal |
| orange juice | 71 | portakal suyu |
| orchestra | 109 | orkestra |
| orchid | 85 | orkide |
| ostrich | 5 | devekuşu |

| | | | | | | |
|---|---|---|---|---|---|---|
| otter | 20 | su samuru | | polar bear | 16 | kutup ayısı |
| oven | 35 | fırın | | police car | 74 | polis arabası |
| owl | 5 | baykuş | | pomegranate | 57 | nar |
| **P** padlock | 50 | asma kilit | | popcorn | 69 | patlamış mısır |
| page | 119 | sayfa | | poppy | 84 | gelincik |
| palette | 108 | palet | | port | 81 | liman |
| palm | 21 | avuç içi | | pot | 29 | tencere |
| palm tree | 86 | palmiye | | potato | 59 | patates |
| pancakes | 63 | krep | | pressure cooker | 29 | düdüklü tencere |
| panda | 19 | panda | | printer | 52 | yazıcı |
| paper-clip | 121 | ataç | | puddle | 100 | su birikintisi |
| parentheses | 134 | parantez | | pumpkin | 59 | balkabağı |
| parrot | 5 | papağan | | puppy | 7 | köpek yavrusu |
| parsley | 61 | maydanoz | | purple | 133 | mor |
| passenger terminal | 80 | yolcu terminali | | purse | 43 | bayan cüzdanı |
| passport | 43 | pasaport | | pushpin | 121 | raptiye |
| pasta | 66 | makarna | | pyramid | 131 | piramit |
| path | 92 | patika | | **Q** quarter past one | 114 | biri çeyrek geçiyor |
| peach | 56 | şeftali | | quarter to two | 114 | ikiye çeyrek var |
| peacock | 5 | tavuskuşu | | question mark | 135 | soru işareti |
| peanut | 64 | yerfıstığı | | quince | 57 | ayva |
| pear | 57 | armut | | quotation marks | 134 | tırnak işareti |
| peas | 59 | bezelye | | **R** rabbit | 20 | tavşan |
| pebbles | 90 | çakıl | | raccoon | 16 | rakun |
| pedal | 75 | pedal | | race car | 74 | yarış arabası |
| pelican | 6 | pelikan | | radiator | 34 | radyatör |
| pen | 119 | dolmakalem | | radio | 53 | radyo |
| pencil | 119 | kurşunkalem | | radish | 61 | turp |
| pencil sharpener | 119 | kalemtıraş | | rafting | 105 | rafting |
| penguin | 15 | penguen | | railroad station | 81 | tren istasyonu |
| pentagon | 131 | beşgen | | railroad track | 81 | tren yolu rayı |
| pepper | 58 | biber | | rain | 95 | yağmur |
| percent | 135 | yüzde | | rake | 51 | tırmık |
| perfume | 45 | parfüm | | raspberry | 55 | ahududu |
| period | 134 | nokta | | rat | 20 | sıçan |
| pet | 9 | evcil hayvan | | razor | 46 | tıraş makinesi |
| petal | 87 | taçyaprağı | | rectangle | 130 | dikdörtgen |
| piano | 110 | piyano | | red | 133 | kırmızı |
| pickax | 51 | kazma | | reel | 44 | makara |
| pickup truck | 73 | kamyonet | | refrigerator | 29 | buzdolabı |
| picture | 108 | resim | | restaurant | 54 | restoran |
| picture frame | 108 | resim çerçevesi | | rhinoceros | 19 | gergedan |
| pie | 63 | turta | | ribbon | 44 | kurdele |
| pier | 81 | iskele | | rice | 66 | pirinç |
| pig | 9 | domuz | | ring | 42 | yüzük |
| pigeon | 6 | güvercin | | ring finger | 23 | yüzük parmağı |
| pillow | 26 | yastık | | river | 90 | nehir |
| pine cone | 86 | çam kozalağı | | road | 80 | yol |
| pineapple | 57 | ananas | | robin | 4 | kuş |
| pink | 133 | pembe | | rock | 93 | kaya |
| pins | 47 | toplu iğne | | rocking chair | 25 | sallanan sandalye |
| pistachio | 64 | antep fıstığı | | rocky landscape | 93 | kayalık |
| pizza | 63 | pizza | | rollerblade | 75 | tekerlekli paten |
| plate | 30 | tabak | | roof | 24 | çatı |
| playground | 118 | oyun alanı | | room | 25 | oda |
| plug | 50 | fiş | | rooster | 8 | horoz |
| plum | 57 | erik | | root | 87 | kök |
| plumbing | 27 | su tesisatı | | rope | 51 | halat |
| plus sign | 135 | artı işareti | | rose | 85 | gül |
| pocket | 38 | cep | | row boat | 79 | sandal |

| | | |
|---|---|---|
| rowing | 105 | kürek sporu |
| rubber stamp | 123 | stampa |
| ruby | 42 | yakut |
| rug | 26 | kilim |
| ruler | 120 | cetvel |
| rye | 86 | çavdar |
| **S** — sack | 33 | çuval |
| saddle | 75 | sele |
| safety helmet | 50 | kask |
| safety pin | 47 | çengelli iğne |
| sail | 79 | yelken |
| sailboat | 79 | yelkenli tekne |
| sailing | 105 | yelken sporu |
| salad | 68 | salata |
| salamander | 13 | semender |
| salt | 68 | tuz |
| sand | 89 | kum |
| sandal | 41 | sandalet |
| sandpit | 118 | kum havuzu |
| sandwich | 63 | sandviç |
| satellite dish | 99 | uydu anteni |
| Saturn | 98 | Satürn |
| sausage | 65 | sosis |
| saxophone | 111 | saksafon |
| scale | 31 | tartı |
| scanner | 52 | tarayıcı |
| scarf | 40 | atkı |
| scissors | 120 | makas |
| scooter | 75 | skuter |
| scorpion | 11 | akrep |
| screw | 49 | vida |
| screwdriver | 49 | tornavida |
| seahorse | 15 | denizatı |
| seal | 15 | ayı balığı |
| seaweed | 15 | su yosunu |
| second | 124 | ikinci |
| second hand | 114 | saniye |
| semicircle | 130 | yarım daire |
| semicolon | 134 | noktalı virgül |
| seven | 125 | yedi |
| seventeen | 127 | on yedi |
| seventeenth | 127 | on yedinci |
| seventh | 125 | yedinci |
| seventy | 129 | yetmiş |
| seventy-one | 129 | yetmiş bir |
| sewing machine | 36 | dikiş makinesi |
| sewing needle | 47 | dikiş iğnesi |
| shaker | 30 | tuzluk |
| shark | 15 | köpekbalığı |
| shaving brush | 46 | tıraş fırçası |
| sheep | 9 | koyun |
| sheet | 26 | çarşaf |
| shelf | 27 | raf |
| shin | 23 | incik kemiği |
| ship | 78 | gemi |
| shirt | 39 | gömlek |
| shoelaces | 41 | ayakkabı bağcığı |
| shoes | 41 | ayakkabı |
| shorts | 39 | şort |
| shoulder | 23 | omuz |
| shoulder bag | 43 | omuz çantası |
| shovel | 51 | kürek |
| shower | 27 | duş |
| sidewalk | 80 | kaldırım |
| single quotation marks | 134 | tek tırnak işareti |
| sink | 31 | lavabo |
| six | 125 | altı |
| sixteen | 127 | on altı |
| sixteenth | 127 | on altıncı |
| sixth | 125 | altıncı |
| sixty | 129 | altmış |
| sixty-one | 129 | altmış bir |
| skeleton | 22 | iskelet |
| skiing | 106 | kayakçılık |
| skirt | 39 | etek |
| skull | 22 | kafatası |
| skunk | 17 | kokarca |
| sled | 75 | kızak |
| sleeping bag | 107 | uyku tulumu |
| slice of bread | 62 | ekmek dilimi |
| slip joint pliers | 48 | ayarlı kerpeten |
| slippers | 41 | terlik |
| slope | 93 | yamaç |
| snacks | 68 | aperatif |
| snail | 11 | salyangoz |
| snake | 13 | yılan |
| snapdragon | 84 | aslanağzı |
| snare drum | 112 | trampet |
| sneakers | 41 | spor ayakkabısı |
| snow | 94 | kar |
| snowboarding | 106 | snovbord |
| snowdrop | 85 | kardelen |
| soap | 27 | sabun |
| soccer | 106 | futbol |
| socks | 41 | çorap |
| sofa | 25 | kanepe |
| soil | 92 | toprak |
| soup | 68 | çorba |
| South America | 96 | Güney Amerika |
| space | 99 | uzay |
| space shuttle | 99 | uzay mekiği |
| space station | 99 | uzay istasyonu |
| sparrow | 6 | serçe |
| speaker | 53 | hoparlör |
| speed skating | 106 | hız pateni |
| sphere | 130 | küre |
| spider | 11 | örümcek |
| spinach | 61 | ıspanak |
| spirit level | 48 | su terazisi |
| spoke | 72 | tekerlek parmaklığı |
| sponge | 27 | sünger |
| spoon | 30 | kaşık |
| spring | 116 | ilkbahar |
| spring onion | 61 | taze soğan |
| square | 130 | kare |
| square root of | 135 | karekök |
| squirrel | 20 | sincap |
| stadium | 106 | stadyum |
| stage | 109 | sahne |
| stamp | 122 | pul |

| | | |
|---|---|---|
| staple remover | 123 | dişli zımba |
| stapler | 123 | zımba |
| staples | 123 | zımba teli |
| star | 131 | star |
| starfish | 15 | denizyıldızı |
| statue | 108 | heykel |
| steak | 65 | biftek |
| steering wheel | 72 | direksiyon |
| stem | 87 | gövde |
| steps | 24 | basamak |
| stone | 91 | taş |
| stool | 28 | tabure |
| stopwatch | 107 | kronometre |
| stork | 6 | leylek |
| strawberry | 55 | çilek |
| stream | 90 | dere |
| street | 80 | sokak |
| streetcar | 77 | tramvay |
| stroller | 75 | puset |
| submarine | 79 | denizaltı |
| sugar | 69 | şeker |
| suit | 38 | takım elbise |
| suitcase | 43 | valiz |
| summer | 116 | yaz |
| Sun | 98 | Güneş |
| sunflower | 86 | ayçiçeği |
| sunglasses | 45 | güneş gözlüğü |
| sunrise | 117 | gündoğumu |
| supermarket | 54 | süpermarket |
| swallow | 6 | kırlangıç |
| swan | 6 | kuğu |
| sweater | 39 | kazak |
| swimming | 107 | yüzme |
| swimming pool | 107 | havuz |
| swimming trunks | 38 | erkek mayosu |
| swimsuit | 38 | bayan mayosu |
| **T** T-shirt | 39 | tişört |
| table tennis | 106 | masa tenisi |
| tableware | 28 | yemek takımı |
| tadpole | 13 | kurbağa yavrusu |
| taekwondo | 103 | tekvando |
| tail | 20 | kuyruk |
| tambourine | 112 | tef |
| tape dispenser | 121 | bant tankı |
| tape measure | 50 | çelik metre |
| tea | 71 | çay |
| teapot | 31 | demlik |
| teaspoon | 31 | çay kaşığı |
| telephone | 52 | telefon |
| telescope | 121 | teleskop |
| television | 37 | televizyon |
| ten | 126 | on |
| ten thousand | 126 | on bin |
| tennis | 107 | tenis |
| tent | 107 | çadır |
| tenth | 126 | onuncu |
| theater | 109 | tiyatro |
| thigh | 21 | uyluk |
| third | 124 | üçüncü |
| thirteen | 126 | on üç |
| thirteenth | 126 | on üçüncü |
| thirty | 128 | otuz |
| thirty-one | 128 | otuz bir |
| thread | 44 | iplik |
| three | 124 | üç |
| throat | 23 | boğaz |
| thumb | 23 | başparmak |
| tie | 40 | kravat |
| tiger | 18 | kaplan |
| timpani | 112 | timpani |
| tire | 72 | dış lastik |
| toad | 13 | karakurbağası |
| toast | 62 | tost |
| toaster | 35 | ekmek kızartma makinesi |
| toe | 21 | ayak parmağı |
| toilet | 27 | tuvalet |
| toilet paper | 27 | tuvalet kâğıdı |
| tomato | 59 | domates |
| toolbox | 58 | alet kutusu |
| toothbrush | 46 | diş fırçası |
| toothpaste | 46 | diş macunu |
| torch | 50 | el lambası |
| tornado | 95 | hortum |
| tortoise | 13 | kara kaplumbağası |
| tow truck | 73 | çekici |
| towel | 27 | havlu |
| tracksuit | 38 | eşofman |
| tractor | 74 | traktör |
| traffic | 80 | trafik |
| traffic light | 75 | trafik ışığı |
| train | 77 | tren |
| transporter | 73 | tır |
| tree | 87 | ağaç |
| triangle | 131 | üçgen |
| trombone | 111 | trombon |
| trousers | 39 | pantolon |
| truck | 73 | kamyon |
| trumpet | 111 | trompet |
| trunk | 72 | bagaj yeri |
| tuba | 111 | tuba |
| tulip | 85 | lâle |
| tuning fork | 113 | akort çatalı |
| tunnel | 81 | tünel |
| turkey | 8 | hindi |
| turnip | 60 | şalgam |
| turtle | 15 | kaplumbağa |
| tusk | 16 | fildişi |
| tweezers | 46 | cımbız |
| twelfth | 126 | on ikinci |
| twelve | 126 | on iki |
| twentieth | 128 | yirminci |
| twenty | 128 | yirmi |
| twenty-first | 128 | yirmi birinci |
| twenty-one | 128 | yirmi bir |
| two | 124 | iki |
| two hundred | 124 | iki yüz |
| **U** umbrella | 43 | şemsiye |
| underground | 77 | metro |
| Uranus | 98 | Uranüs |
| **V** vacuum cleaner | 37 | elektrikli süpürge |

# Index    Indeks

| | | | |
|---|---|---|---|
| | valley | 92 | vadi |
| | van | 73 | minibüs |
| | vase | 33 | vazo |
| | Venus | 98 | Venüs |
| | video camera | 53 | video kamera |
| | vineyard | 86 | üzüm bağı |
| | violin | 113 | keman |
| | volcano | 93 | volkan |
| | volleyball | 105 | voleybol |
| | vulture | 6 | akbaba |
| **W** | wagon | 77 | vagon |
| | waist | 21 | bel |
| | walking stick | 43 | baston |
| | wall | 24 | duvar |
| | wallet | 43 | cüzdan |
| | walnut | 65 | ceviz |
| | walrus | 15 | mors |
| | wardrobe | 26 | elbise dolabı |
| | washing machine | 37 | çamaşır makinesi |
| | wasp | 11 | eşekarısı |
| | waste basket | 123 | çöp sepeti |
| | watch | 42 | kol saati |
| | water | 71 | su |
| | water lily | 85 | nilüfer |
| | water polo | 107 | sutopu |
| | water skiing | 106 | su kayağı |
| | waterfall | 100 | şelale |
| | watermelon | 56 | karpuz |
| | watermill | 100 | su değirmeni |
| | wave | 100 | dalga |
| | weed | 84 | yabani ot |
| | week | 115 | hafta |
| | weightlifting | 102 | halter |
| | whale | 14 | balina |
| | wheat | 86 | buğday |
| | wheel | 75 | tekerlek |
| | wheelbarrow | 51 | el arabası |
| | whistle | 123 | düdük |
| | white | 133 | beyaz |
| | wind | 95 | rüzgâr |
| | window | 24 | pencere |
| | windscreen | 72 | ön cam |
| | windscreen wipers | 72 | ön cam sileceği |
| | wing | 6 | kanat |
| | wing | 76 | kanat |
| | winter | 116 | kış |
| | wolf | 17 | kurt |
| | wood | 88 | odun |
| | woodpecker | 6 | ağaçkakan |
| | wrestling | 103 | güreş |
| | wrist | 23 | el bileği |
| | writing pad | 123 | bloknot |
| **Y** | yacht | 78 | yat |
| | year | 115 | yıl |
| | yellow | 132 | sarı |
| | yogurt | 70 | yoğurt |
| | yolk | 66 | yumurta sarısı |
| **Z** | zebra | 19 | zebra |
| | zero | 129 | sıfır |
| | zipper | 44 | fermuar |